金梧桐

魔力数学 5

宋 君 刘英杰 黄文倩 著

量感 统计

中原出版传媒集团
中原传媒股份公司
大象出版社
·郑州·

图书在版编目(CIP)数据

魔力数学. 量感 统计 / 宋君, 刘英杰, 黄文倩著.
郑州 : 大象出版社, 2025. 2. -- ISBN 978-7-5711
-2262-1

Ⅰ. G624. 503

中国国家版本馆 CIP 数据核字第 20245JB919 号

MOLI SHUXUE

魔力数学

——量感　统计

宋　君　刘英杰　黄文倩　著

出 版 人　汪林中
责任编辑　梁金蓝　王　扬
责任校对　牛志远
装帧设计　付锬锬
部分插图　一碗面工作室

出版发行　大象出版社(郑州市郑东新区祥盛街 27 号　邮政编码 450016)
发行科　0371-63863551　总编室　0371-65597936
网　　址　www. daxiang. cn
印　　刷　河南龙华印务有限公司
经　　销　各地新华书店经销
开　　本　720 mm×1020 mm　1/16
印　　张　11. 25
字　　数　91 千字
版　　次　2025 年 2 月第 1 版　2025 年 2 月第 1 次印刷
定　　价　38. 00 元

印厂地址　河南省获嘉县亢村镇纬七路 4 号
邮政编码　453822　　　电话　0373-6308296

嗨，我是“藏不住秘密”的淘淘国王，称霸数学界是我的目标，而且我在《魔力数学》中很快找到了称霸的秘诀，想知道是什么吗？嘿嘿，快来加入我的战队，一起在阅读中寻找吧！

鹤立鸡群是我的标签，自信严谨是我的优势，压轴亮相是我的出场方式，我就是淘淘数学称霸路上的拦路石——“数学小诸葛”乐乐大人。

大家好！我是可爱的飞飞。老师说学好数学能让我的思维更开阔，能让我变得越来越聪明。老师说得一定没错！

你好，我是花花，悄悄地告诉你，同学们私下里都说我是“十万个为什么”，我觉得学无止境，不懂就要问嘛，嘻嘻！谁也阻挡不了我成为“数学花仙子”的脚步！

数学阅读，为我们打开一扇窗

提到阅读，人们通常想到的是语文阅读，很少将阅读与数学联系在一起。可见，数学阅读是被忽视的。因此，在落实核心素养的今天，重视数学阅读，具有重要意义。

我的教学主张是智慧数学。我始终认为：使学生获得终身发展的数学就是智慧数学。数学本身是一门智慧之学，而数学阅读是开启学生智慧的一把金钥匙，可以促进思维发展，提升思维品质。

本套丛书以核心素养为背景，将数学基础知识、基本技能、基本思想、基本活动经验融入故事、游戏、活动中。书中的故事充满童趣，与学生生活实际紧密结合，让我们体会到数学的广泛应用，分享到数学智慧阅读的快乐与愉悦。通过本套丛书的阅读，小朋友们能够增长智慧，数学会变得“好玩”，真正让孩子们在阅读中学习，在运用中提高。本套丛书有如下特点：

一、是目前少有的专门针对小学生的数学课外读物

在数学课外阅读书籍中，本套丛书是少有的贴近学生实际、非常适合12岁之前开展数学阅读的读物。

数学阅读研究得到北京师范大学刘坚教授、福建省特级教师王永老师、新世纪小学数学教材编写团队王明明老师等国内中小学数学专家的肯定，还得到了华人数学家蔡金法教授为期三年的跟踪与指导。

二、与学生的现实生活紧密联系

本套丛书注重从现实生活中提炼阅读素材，通过阅读、思考、表达促进学生在真实的世界中感受数学的价值。从生活的世界入手阅读，通过思维的深加工，不断抽象为数学的模型，解决生活中的实际问题，从而提升学生的数学素养。

同时，本套丛书是我在坚持 20 多年的实践研究中，在撰写的 300 余篇（约 16 万字）的学生阅读资源中，修改、完善、提炼，逐渐成为学生最喜欢的、独具特色的数学课外阅读读物。

三、重在培养学生的阅读能力、思考能力和表达能力

学生核心素养的终极目标是，培养学生应具备的适应个人终身发展和社会发展需要的必备品格和关键能力。而关键能力就是阅读能力、思考能力和表达能力。

2022 年 4 月，《义务教育数学课程标准（2022 年版）》发布，数学核心素养构成简称“三会”，即会用数学的眼光观察现实世界，会用数学的思维思考现实世界，会用数学的语言表达现实世界。而《魔力数学》正是以“故事分享”“思考分析”“拓展思路”“答案提示”“智慧提升”板块加以呈现。“故事分享”板块，旨在让学生通过阅读培养其阅读能力；“思考分析”板块，是让学生通过阅读，学会用数学的头脑进行思考、分析和推理，无形中培养其思考能力；“拓展思路”板块，提升学生的思维能力，促进数学素养的达成；

“答案提示”板块，在学生解决问题有困难时给其一把扶梯，使他们跳一跳能够得着；“智慧提升”板块，是让学生跳出数学来看待问题，会有新的发现和见识。

四、将数学基本知识、技能与数学思想融入故事、游戏、活动中

故事是孩子们最喜欢的，而本套丛书将数学融入故事中，采用故事叙述的方式呈现阅读内容，极大地调动了学生阅读的兴趣，使学生在不知不觉中爱上阅读、善于阅读，发展其核心素养。

在数学故事的阅读中，将数学故事情境营造给学生，鼓励他们积极思考，从而获得知识技能、数学思考、问题解决、情感态度的全面发展。数学阅读故事的展开过程就是学生积极思考的过程。在数学阅读的过程中，兴趣能够引发学生思考，学生通过独立思考，不断“建立模型—解释应用”。

五、指导学生形成高观点背景下的深入思考

学生读这套丛书不仅仅是阅读故事，更是对数学问题进行深入思考。尤其是“智慧提升”板块，非常注重对故事背后的解决策略、数学思想等及时进行归纳和提升，促进学生对数学的本质有一定理解。

这种提升和发展，能够促进学生不仅仅在故事中捕捉有效的数学信息，更对形成高观点下的深入思考有着积极作用。

宋　君

目录

玉米换苹果

故事分享

淘淘今天来到乡下爷爷家，爷爷特别高兴，见到自己的孙子聪明可爱，甚是喜爱。这时，一个换苹果的在门口吆喝："又大又甜的苹果，香脆可口，10 千克玉米换 9 千克苹果喽。"

爷爷就拿了一些玉米放在篮子里，准备出门换一些苹果吃。淘淘也跟着爷爷一起走了出去。换苹果的商贩连篮子一起称了一下，正好是 4 千克。于是，商贩说："再称篮子有多重太麻烦，干脆这样吧，我先不去掉篮子的质量，仍按照 1 千克玉米换 0.9 千克苹果计算，您就可以得到 $0.9\times4=3.6$ 千克的苹果。我再连篮子一起给您称够 3.6 千克苹果就行了。"爷爷听了商贩的说法，认为有道理，这样不但省事，而且合理，就爽快地答应了。商贩不一会儿就称好了苹果，并把称好的苹果给了爷爷。

爱动脑筋的淘淘并没有盲目附和，而是拿着小树枝在土地上算了起来。

“爷爷，这样换我们吃亏了！”淘淘对爷爷说。

淘淘把自己的想法说出来后，商贩和爷爷都明白了其中的道理，商贩道歉后将少称的苹果给了爷爷。

同学们，你们知道淘淘是怎样算出爷爷吃亏的吗？可要认真想一想哟！

思考分析

如果这个篮子和苹果重 3.6 千克，那不是用 0.4 千克玉米只换回了一个空篮子吗？同学们，淘淘说的有道理吗？

拓展思路

想一想，我们可以从哪些方面进行思考，来说明淘淘爷爷是吃亏的呢？认真思考一下，请把你的想法和小伙伴们进行交流。

答案提示

10 千克玉米换 9 千克苹果，假设篮子重 10 千克，玉米和篮子共重 20 千克，应该换回的苹果和篮子的质量是（10 + 9）千克，而按照商贩的换法应该换：$20 \times 0.9 = 18$（千克）。所以，商贩少给了 ______ 千克苹果。

智慧提升

在兑换时，篮子的实际质量是不需要转换的。如果我们将篮子质量也考虑进去，在总质量少的情况下，篮子质量也少了，总质量减少的恰好是苹果的质量。所以，我们可以采用**代入数据**的方法进行思考，让貌似合理的现象在数学思考后露出真面目。

1

估算的妙用

故事分享

在今天的数学课上，张老师出了这样一道题：3.7×3.7×3.7。有四个答案，分别是 51.347、50.653、506.53 和 48.675。请判断一下哪个答案是对的。

张老师刚讲完，飞飞、亮亮、淘淘等同学就拿出练习本开始进行列竖式计算。乐乐并没有急于计算，他想了一下举手说：“老师，我知道答案了！”当他说出这个得数后，张老师马上回应说：“完全正确！”淘淘质疑道：“乐乐一定是用计算器计算的。”乐乐的同桌站起来说：“我可以做证，今天乐乐没有带计算器。”飞飞转身问道：“你怎么知道得这么快？我还在列竖式计算呢。”此时，张老师说话了：“乐乐，你一定有自己的方法，能给大家讲讲吗?”当乐乐说完自己的理由后，大家更加佩服乐乐了。同学们，你们知道乐乐是怎样判断得这么快的吗?

思考分析

在这个小数连乘的算式里，我们需要先确定小数的位数，由于连乘后小数乘积的末尾没有 0，所以乘积一定是三位小数，答案中的 506.53 就不符合要求了。而要准确找出正确答案就要看末尾数字，$7\times7=49$，49×7 的末尾数字是 3，所以，50.653 是符合要求的。乐乐就是这样进行判断的。

拓展思路

张老师又出了一道题：$4.8\times4.8\times4.8$，有三个答案都不一样，分别是 110.548、110.592 和 112.537。现在，你能判断哪个答案是对的吗?

答案提示

在这个算式里，要准确找出正确答案就要看末尾数字，8×8

= 64，64 × 8 的末尾数字是 2。所以，＿＿＿＿＿ 是正确答案。

智慧提升

有时，**估算也是一种很好的方法**，可以帮助我们快速找出答案。同时，估算也可以帮助我们检查计算的结果，提高计算的正确性。

简单实用的方法

故事分享

今天晚上，淘淘在写作业的时候，看到很多这样的题目：32×11，27×11，43×11，等等。在列竖式计算后，淘淘觉得很麻烦，有没有简单的方法呢？淘淘看着这些算式发呆，爸爸走过来说："发什么呆呢！还不赶快完成作业！"淘淘把自己的想法告诉了爸爸，爸爸还挺支持淘淘的，他提醒淘淘：认真看一看竖式，也许会有更大的发现。

淘淘认真地看着，突然，他喊了起来："爸爸！爸爸！我真的发现了一个简单的方法！"

同学们，你知道淘淘想出怎样的简算方法了吗？请你认真想一想。

思考分析

我们通过观察竖式计算的过程，就会发现，一个数乘 11，等于这个数两边一拉，中间相加。例如，32×11，先写上 32，再在 3 和 2 的中间写上 2 加 3 的和 5，就是得数 352。再如，79×11，先写上 79,再在 7 和 9 的中间写上 7 加 9 的和 16（注意满十进一），就是得数 869。

拓展思路

淘淘爸爸听了淘淘的方法,认为非常好。接着,淘淘爸爸问:“如果一个小数乘 11，能不能用这个简单的方法呢?”同学们，你能回答淘淘爸爸的问题吗?

答案提示

可以的。例如，47.82×11，先写上 42，再在 4 和 2 的中间从右往左写上 2 加 8 的和 10，满十进一，写 0；8 加 7 的和 15，再加进来的 1 等于 16，同时满十进一，写 6；7 加 4 的和 11，再加进来的 1 等于 12，同时满十进一，写 2。得数是 ________。

智慧提升

从大量的算式中找到计算的技巧，并学会迁移，把学到的简算运用到小数计算中。让我们在学习数学中多动脑筋，开启智慧。

为什么越乘越小

故事分享

最近，淘淘班上一直在学习小数乘法。对于小数乘法，淘淘有些想不明白：为什么乘法会使小数越乘越小呢？乘法是相同数的连加，怎么会越来越少？这是怎么回事呢？他把自己的想法告诉好朋友乐乐。

乐乐说："乘法大多数情况下是越乘越多，但我们学习了小数后，在计算乘法的时候，当一个乘数比 1 小时，积会越乘越小的。"

乐乐讲完了，但淘淘还是不明白这是怎么回事。

旁边的飞飞说："我用画图的方法来说明。请你看这个正方形，把它平均分成 10 份，两份就是 0.2，然后把这两份平均分成 10 份，那么阴影部分就是求出的结果：0.06（如下图）。”

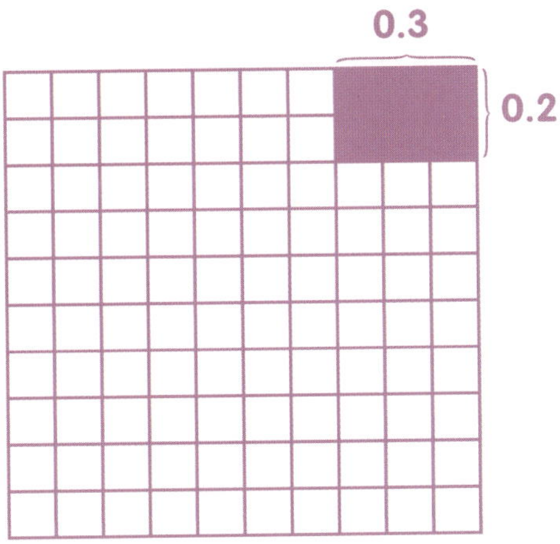

“哦！原来是这样的！”淘淘看着图明白了一些。

花花也开了口：“我们在计算的时候，先把小数看作整数计算，然后求出的结果是几位小数，要看因数中小数一共有几位，从这里也能发现有时小数乘法会越乘越小。”

拓展思路

下面的一些算式，请你先计算，然后根据计算结果进行分类。

3 × 0.9	0.8 × 1.2	5.6 × 0.3	7.8 × 1	3.3 × 0.7
9.8 × 0.2	8.4 × 9	2.5 × 0.9	3.2 × 1.2	4.9 × 2.1

乘积大于被乘数的算式

乘积小于被乘数的算式

答案提示

乘积大于被乘数的算式：

0.8×1.2　　8.4×9

3.2×1.2　　4.9×2.1

乘积小于被乘数的算式：

3×0.9　　5.6×0.3

3.3×0.7　　9.8×0.2

2.5×0.9

智慧提升

所谓真理越辩越明就是这个道理。刚刚学习小数乘法的知识，我们可能都有这样的困惑，学习就是在不断地打破原有知识经验的基础上发展前进的，学习数学也是如此。正是这不断的否定让思考更加深入。

精打细算

故事分享

星期天，张老师和淘淘、乐乐一起到书店，准备给班上的 50 名学生购买数学课外读物。他们来到了三家大型书店，发现要购买的书的价钱都是一样的，价格都是 15 元，但优惠方式不同。

风韵书店 买 10 本免费赠送 1 本，不足 10 本不赠送	文丰书店 每本优惠 1 元	文轩书店 每满 100 元立减 10 元，不足 100 元不减

为了节省费用，请你算一算，张老师应该到哪家书店去买书呢？乐乐把自己的方法告诉了张老师，张老师高兴地笑

了，他们立刻就去买书了。

思考分析

为了节省费用，乐乐当然会推荐张老师选择费用最少的书店购买。根据上面三家书店的优惠策略，我们需要算出这次购书的总价钱。

风韵书店：（50 － 4）×15 ＝ 690（元）

文丰书店：50×（15 － 1）＝ 700（元）

文轩书店：50×15 ＝ 750（元），750 － 70 ＝ 680（元）

所以，乐乐推荐张老师到文轩书店购买。

拓展思路

张老师为了感谢乐乐和淘淘此次帮助买书，领着他们一起走进了 A 超市。某种品牌的饮料大瓶装原价 10 元，小瓶装原价 2 元。这家超市正在搞促销活动，买一大瓶送一小瓶。相邻的两个超市 B 和 C 也在搞这种饮料的促销活动，B 超市一律打 9 折，C 超市购满 30 元以上一律 8 折优惠。淘淘想买 1 大瓶饮料和 1 小瓶饮料，到哪个超市合适？如果张老师想买 50 个小瓶装饮料，到哪个超市较为合适？

答案提示

根据不同的购物需求和不同的优惠策略，我们需要知道怎样付钱最少。

1. 买 1 大瓶饮料和 1 小瓶饮料，三个超市所花的钱分别为：

A 超市：10 元

B 超市：（10 + 2）×0.9 = 10.8（元）

C 超市：10 + 2 = 12（元）

所以，建议淘淘到 A 超市购买饮料。

2. 张老师想买 50 个小瓶装饮料，需付钱情况如下：

A 超市：__________________（元）

B 超市：__________________（元）

C 超市：__________________（元）

所以，建议张老师到 C 超市购买饮料。

智慧提升

商家为了多销售商品，经常会推出一些优惠活动。作为消费者，我们需要根据自己的实际需要，对这些优惠方案进行思考和分析，从而选择最佳方案。

数学故事带来的思考

故事分享

今天，淘淘写完了作业，就拿着一本数学课外读物阅读起来，他看到书中有这样一个故事：

爱因斯坦是个伟大的科学家，小时候非常喜欢动脑筋，经常会想到一些别人不容易想到的东西。有一次手工课上，老师教大家叠纸盒。正当大家都忙于叠纸盒的时候，老师却发现爱因斯坦趴在桌子上。老师以为是爱因斯坦懒惰，不想动手，于是走过去问他为什么不叠纸盒。爱因斯坦抬起头，问道："老师，您知道一张纸的厚度吗？"老师说："这个很好测量啊，你先测出100张纸的厚度，然后除以100不就得到每张纸的厚度了吗？"爱因斯坦拿出直尺，准确地测量了一下，然后计算得出一张纸的厚度是0.08毫米。老师这时候想出一个问题，便问大家："同学们，现在一张纸的厚度是0.08毫米，如果我把这张纸对折30次后，应该是多高啊？"听到老师的问题，同学们七嘴八舌地讨论起来。"大概有10米多高吧。"有同学回答道。老师说："太少了。""那应该有10层楼那么高吧。"又有同学补充道。没想到老师还是摇头。到底有多高呢？只见小爱因斯坦站起来说："应该比阿尔卑斯山还要高。"他刚说完，同学们就哄堂大笑，怎么可能呢？薄薄的一张纸对折了30次就会比一座高山还要高？同学们都以为他在吹牛。

同学们，你们看了这个故事，会认为爱因斯坦在吹牛吗？把你们的想法和大家交流交流。

思考分析

一张纸很薄，厚度只有0.08毫米，但对折30次后就是30个2相乘后和一张纸的厚度相乘，也就是$0.08\times(\underbrace{2\times2\times2\times\cdots\times2\times2}_{30个})\approx85899$（米），真是一个不小的数。

拓展思路

淘淘也觉得很奇妙，他拿起一张纸，问爸爸：“这张纸厚 1 毫米，如果将这张纸不停地对折下去，第十次对折后，该有多高呢?”淘淘爸爸想也不想就回答道：“10 毫米。”淘淘爸爸说的对吗？请你认真想一想。

答案提示

第十次对折后，高度是 1×（2×2×2×2×2×2×2×2×2×2）= ________（毫米），而不是淘淘爸爸所说的 10 毫米。

智慧提升

一张纸很薄，但把它反复对折，就能感受到积少成多的震撼。对于数学学习也是这样，我们要在平时的不断积累中铸就精彩。

资源问题

故事分享

暑假期间，淘淘参加了一个征文比赛。参赛项目是以自己的家乡为题，写一篇作文。为了更好地完成作文，淘淘查阅了一些关于家乡的资料。

郑州市是河南省省会，是河南省政治、经济、文化中心，是全国重要的交通通信枢纽、物资集散中心，也是全国商贸城市、开放城市、卫生城市、历史文化名城，是中国八大古都之一，名胜山水众多，文物古迹荟萃。1997 年，郑州市绿化覆盖率已达 35.5%，被誉为“中原绿城”。2017 年，郑州市常住人口为 988.07 万。

“哇，郑州这么厉害！有这么多常住人口。”淘淘感叹道。

近几年，郑州的环境问题成了广大市民经常吐槽的问题之一。以前，淘淘在上学的时候经常遇到严重的雾霾天。因此，“绿城”这个称号，好像与郑州并不匹配。但是无论是人们口口相传，还是城市文化建设中，“绿城”仍然是郑州的代名词。比如坐公交、坐地铁的时候，人们都会用“绿城通”卡。

让人满意的是，近年来，郑州市非常重视环境保护与资源节约问题，不断强化环境污染防治，努力实现经济发展与环境保护“双统筹、双促进”，全市环境质量显著改善，攻坚成效初步显现，绿水蓝天又重新回到了人们的身边。像郑州这样处于高速发展中的城市还有很多。如今，在全国范围内，环境保护与资源节约已经成为与城市经济发展同样重要的工程。

如今，环境问题、资源问题、人口问题等已经成为全球性问题，也是人类共同面临的重要问题。据测算，地球资源可供 100 亿人生活 100 年，或可供 80 亿人生活 300 年。假设地球新生成的资源增长速度是一定的，为了让人类有不断发展的潜力，那么地球最多能养活多少亿人？

思考分析

假设1亿人生活1年所需资源为1份，那么100亿人生活100年消耗资源：$100\times100=10000$（份），80亿人生活300年消耗资源：$80\times300=24000$（份），地球每年新生资源：$(24000-10000)\div(300-100)=70$（份），所以地球最多能养活70亿人。

拓展思路

某市实施阶梯水价，以年度为周期计算，水价共分三个阶梯。居民每户年用水量划分为三档，当累积水量超出年度阶梯水量分档基数值后，超出水量即开始实行阶梯加价。从2017年1月起，第一阶梯：年用水量180吨（含）以下，综合水价为每吨4.4元；第二阶梯：年用水量180～300吨（含），综合水价为每吨5.95元；第三阶梯：年用水量300吨以上，综合水价为每吨10.6元。

若淘淘家2017年一共用水190吨，淘淘家当年应该缴纳多少水费呢？

答案提示

$190-180=10$（吨），180吨按第一阶梯缴费：$4.4\times180=$

792（元），剩余的 10 吨按照第二阶梯进行缴费：5.95 × 10 ＝ 59.5（元）。所以，淘淘家当年一共需要缴费：________________________________。

智慧提升

在解决问题的过程中，当遇到不同的条件时，就需要我们认真读题、审题，对应题目中的条件选择所需的信息，然后解决问题。

寻找魔法基地

故事分享

新学期马上就要结束，正当淘淘和乐乐在讨论如何过假期的时候，突然“嗖”的一声，一个纸团落在淘淘和乐乐的脚下，在好奇心驱使下他们打开了纸条，纸条上写的是如何找到奇妙的数学魔法基地的入口。

纸条上写着如果要进入魔法基地，首先要去操场寻找线索，根据提示寻找进入魔法基地的入口。在操场以国旗台为坐标，用数对表示为（0，0），可以将操场画出（如下页图），两个人合作，在坐标系中以国旗台为出发点，一个人走“日”，一个人走“田”，不走回头路，走到两个人第一次相遇的地方就是魔法基地的入口。

淘淘和乐乐激动不已，赶紧去操场一试究竟。你知道这个魔法基地在哪里吗？可以用数对表示出来吗？

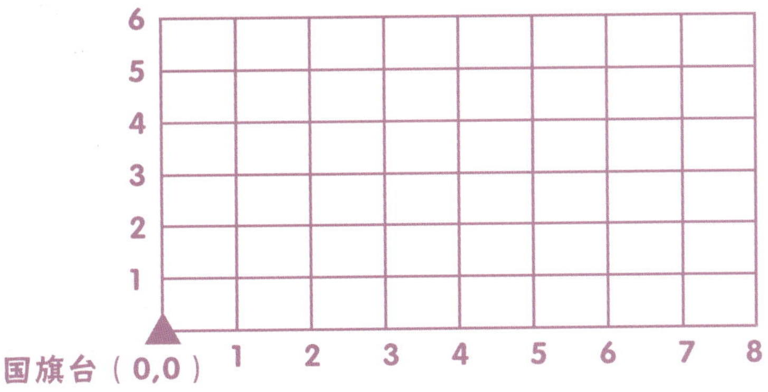

思考分析

假设淘淘在图中走“日”，乐乐在图中走“田”，那么走第一次时两个人的位置分别是（2，1）和（2，2），不走回头路，走第二次时淘淘的坐标可能是（0，2），（4，0），（4，2），乐乐的坐标可能是（0，4），（4，4），（4，0），我们知道两个人第一次相遇的地方是（4，0），所以，魔法基地的入口在坐标系中用数对表示是（4，0）。

拓展思路

找到魔法基地后，看到一个漂亮的盒子，盒子里面有一张提示卡，上面写道：亲爱的小伙伴们，你们可以根据提示找到智慧宠物小智，它会和你们一起进行探秘。找到小智的方法很简单，继续走“田”和“日”，它就在你们第二次相遇的地方等你们。

(4, 0)

答案提示

现在淘淘和乐乐所在的位置是（4，0），我们假设（4，0）是国旗台的位置，那么他们第二次相遇的地方就是（8，0），所以小智所在位置用坐标表示就是________。

(8, 0)

智慧提升

我们可以用数对确定位置，当我们不能一次性解决问题的时候，我们可以把所有可能性列出来，或者用自己喜欢的方式表示出来。遇到相似的问题，要找到共性，抓住关键。

捉迷藏中的智慧

故事分享

乐乐和淘淘在郊外捉迷藏。淘淘藏起来了，乐乐怎么也找不到淘淘，于是，乐乐就向淘淘“求救”，但淘淘只告诉了他下面的话：“请你在我们出发的地方，先向东走 120 步，再向南走 120 步，最后向西走 120 步就找到我了。”乐乐听得糊糊涂涂的，但他认真想了想，并没有按照淘淘所说的路线去找，却很快就找到了淘淘。该乐乐藏淘淘找了，乐乐找了一个非常隐蔽的地方藏起来，淘淘找了半天也没找到乐乐，这下可急坏了淘淘，乐乐“主动”告诉淘淘：“在我们出发的地方，先向西走 150 步，再向北走 150 步就能找到我了。”淘淘是一个爱动脑筋的孩子，他也没有按乐乐说的路线去找，但也很快找到了乐乐。同学们，你们知道他们两人是如何找到对方的吗？

思考分析

在乐乐找淘淘时，淘淘说："请你在我们出发的地方，先向东走 120 步，再向南走 120 步，最后向西走 120 步就找到我了。"向东走 120 步，再向西走 120 步，也就是东西方向走了 120 − 120 = 0 步，只需要向南走 120 步即可（如图一）。

在淘淘找乐乐时，乐乐说："在我们出发的地方，先向西走 150 步，再向北走 150 步就能找到我了。"也就是沿着西北方向走就能找到他（如图二）。

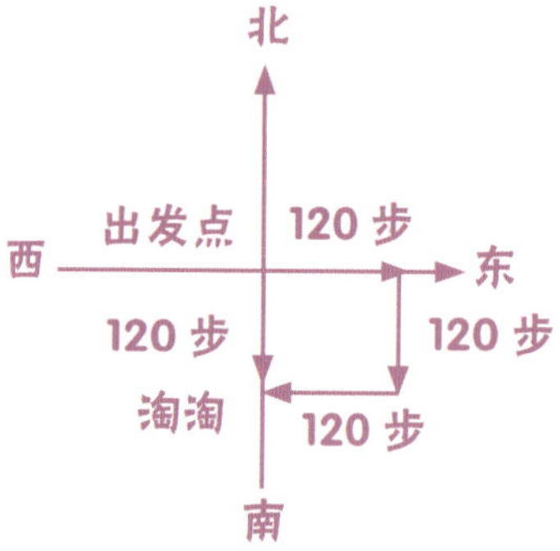

图一

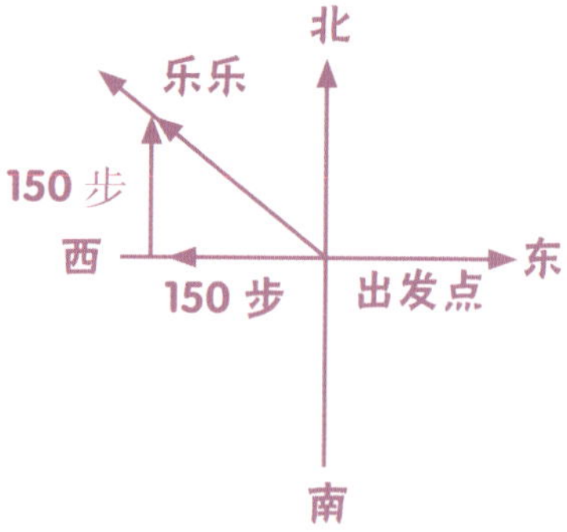

图二

拓展思路

如果乐乐先向西走 120 步，再向南走 60 步，最后向东走 60 步，你会怎样走才能很快找到乐乐？

答案提示

乐乐在西南方向。我们可以先向西走 120 步，再向南走 60 步，最后向东走 60 步找到乐乐；或者可以先向南走 60 步，再向西走 60 步也能找到乐乐；或者还可以直接沿________方向找到乐乐。

智慧提升

解答这样的题目，需要认真思考，我们可以利用图示来帮助理解和分析，从图示中就能清晰地看到它们之间的关系，最后正确进行解答。

票据中的学问

故事分享

最近，淘淘的奶奶住院了，淘淘的妈妈一边去医院照顾奶奶，一边照顾淘淘上学，忙得不可开交。

周末，淘淘起床特别早，想帮助妈妈整理一下房间。他开始收拾桌子，在擦桌子的时候，一不小心碰倒了一瓶墨水。由于墨水瓶盖没有拧紧，墨水流了出来。淘淘赶紧擦，但把妈妈的两张票据弄脏了，下面是一张弄脏的票据。

名称	单价 / 元	数量 / 个	总价 / 元	备注
灯泡	1.6			
电脑	2100	2		
总额	肆仟贰佰零肆元捌角		4204.8	

淘淘心里特别着急，只怪自己粗心大意，将好事办成了坏事。但他也没有办法，希望妈妈回家能够原谅他。

没多久，淘淘妈妈就回到了家。淘淘将这件事告诉了妈妈，然后问："妈妈，你单位有没有一份相同的票据？"妈妈说："不要紧，单位还有一份，你先将票据拿来我看看。"

淘淘赶紧去拿那张票据，妈妈看了这张票据笑了，说："这张票据可以复原。"淘淘看看票据，又看看妈妈，不知道复原是什么意思。妈妈告诉他，就是运用数学知识，根据票据上看得见的数据，推算出被墨水弄脏的数据。淘淘明白了，为了将功补过，他开始认真思考起来，终于做了出来。他将结果告诉妈妈，妈妈满意地点了点头。

同学们，你们知道淘淘是怎样推算出来的吗？

思考分析

我们根据票据上电脑的单价和数量可以求出电脑的总价是 $2100 \times 2 = 4200$ 元，再根据总额和电脑总价可以求出灯泡的总价是 $4204.8 - 4200 = 4.8$ 元，进而求出灯泡的数量：$4.8 \div 1.6 = 3$（个）。

拓展思路

解决了一张票据的问题，淘淘特别开心。下面是另一张弄脏的票据。

名称	单价／元	数量／个	总价／元	备注
电池	1.5		4.5	
充电器	18	8		
吹风机		2		
总额	贰佰陆拾伍元柒角		265.7	

你能帮助淘淘复原这张票据吗？想一想，也许问题很简单，期待你的精彩思考。

答案提示

我们根据票据上充电器的单价和数量可以求出充电器的总价是：18 × 8 ＝ 144（元），根据票据上电池的总价和单价可以求出购买电池的数量是：4.5 ÷ 1.5 ＝ 3（个），然后我们可以求出吹风机的总价是：265.7 － 4.5 － 144 ＝ 117.2（元），进而求出吹风机的单价：____________________（元）。

智慧提升

推理票据上的数据，需要我们认真观察票据，找到相关联的数量关系，并根据这些数量关系进行思考，从而找到缺少的数据。让我们在认真观察中缜密思考吧。

被冤枉的"≈"

故事分享

淘淘晚上做了一个梦，梦见自己走进了符号王国。他刚刚走进符号王国，就看到"≈"被">""=""<"包围着。只见"="说："我们接到很多投诉，都告你不公平，这是真的吗?""≈"委屈地说："哪有啊！他们真的是冤枉我了！我一向忠于职守，从来没有出过差错，怎么会不公平？不信，请你说出具体的事情来。""="翻开案卷说："上次，生活部长给你200元钱买毛线，每件毛衣用毛线12元。要你买完毛线后给大伙织成毛衣，200÷12＝16.666……（件），我们用'四舍五入法'约等于17件。你明明能做17件毛衣，却只交了16件，那件毛衣到哪里去了?""<"在一旁也说："是呀！

虽然 16.666……<17，但却让你约等于 17 了，那件毛衣明明让你贪污了，你还不如实交代！”

同学们，请你想一想，“≈”到底贪污了没有？它该如何回答呢？

思考分析

乍一听“=”和“<”的话很有道理，但我们仔细分析就会发现，毛线织毛衣，不能采用“四舍五入法”，而应该采用“去尾法”，因为无论少多少都不能织成一件毛衣，所以应该是 16 件毛衣。

拓展思路

说清了“毛衣事件”，“=”接着说：“上次我们生活部去买食用油，一共需买 5430 千克，每桶油重 100 千克，5430÷100 = 54.3（桶），我们用‘四舍五入法’约等于 54 桶，而你却领走了 55 桶，这又是怎么回事呢？”“>”说：“你这样违法乱纪，‘四舍五入法’要不要执行？”

同学们，“≈”又该如何回答呢？

答案提示

“≈”回答道：“‘四舍五入法’当然要执行，但也要结合实际情况呀！如果真的像你们所说领了54桶，剩下的30千克油怎么办呢？所以，我用了‘进一法’，这样就能够保证把油一次拉回来。不过，还是欢迎你们继续监督我的工作。”

智慧提升

同学们，无论是“四舍五入法”，还是“去尾法”“进一法”，我们都要结合生活中的具体情况进行选用，这样才能让数学更好地服务于我们的生活。

合理分摊车费

故事分享

周六上午，淘淘、乐乐和飞飞约好要到森林大厦看科技展览。科技展览真的很吸引人，他们三人都不想回家了，出了森林大厦，已经中午 12 点多了。飞飞的爸爸正好骑电动车在门口等着飞飞，飞飞走后，淘淘和乐乐打算采用 AA 制打车回家。在当地，出租车的起步价是 6 元（限 2 千米以内），2 千米以外 10 千米以内，每千米车费 1.5 元，超过 10 千米，每千米车费 2 元。两人的家住在同一个方向，于是，他们两人合打了一辆车往家赶，往淘淘家乘车走了 8 千米，到乐乐家走了 12 千米，最后一共付了 22 元钱车费。

同学们，请你来合理地算一算，乐乐和淘淘各应该付多少钱的车费？

思考分析

要合理，必须将两人所付的车费与两人乘坐的距离对应，在此基础上再分摊车费。

淘淘和乐乐两人打车回家，一共行了 12 千米。其中的 8 千米是两人共同乘坐的，这段路的车费应该两人平分，也就是（$6+1.5\times6$）$\div2=15\div2=7.5$ 元。另外 4 千米应该由乐乐一人担负。$1.5\times2+2\times2=7$（元），乐乐一共需要付车费：$7.5+7=14.5$（元）。这样算合理一些。

拓展思路

如果飞飞的爸爸没有来接飞飞，三人的家住在同一个方向，到飞飞家走了 6 千米，那么三人如何分摊车费最合理呢？

答案提示

同样，必须将三人所付的车费与三人乘坐的距离对应，在此基础上再分摊车费最合理。

飞飞、淘淘和乐乐三人打车回家，一共行了 12 千米。其中的 6 千米是三人共同乘坐的，这段路的车费应该三人平分，也就是（$6+1.5\times4$）$\div3=12\div3=4$ 元。所以，飞飞应该付 4 元钱的车费。接下来的 2 千米是淘淘和乐乐两人共同乘坐的，这段路的车费应该两人平分，也就是 $1.5\times2\div2=1.5$ 元。淘淘应该付车费 $4+1.5=5.5$ 元。另外 4 千米应该由乐乐一人担负。$1.5\times2+2\times2=7$（元），乐乐一共需要付车费：________________________________。这样分摊最合理。

智慧提升

对于乘车分摊路费，重要的是根据不同乘车距离来计算分担的车费。既然是分担，一定要注意总钱数不变后，每人分担钱数的多少不同。

最后的晚餐

故事分享

淘淘和妈妈暑假一起去意大利米兰圣玛利亚感恩教堂游玩，看到了世界名画——《最后的晚餐》。《最后的晚餐》是意大利艺术家达·芬奇创作的，以《圣经》中耶稣跟十二门

徒共进最后一次晚餐为题材。画面中人物的神态、手势、眼神和行为，都刻画得精细入微、惟妙惟肖。

《最后的晚餐》长 910 厘米，宽 420 厘米，这幅画的周长是多少米？面积是多少平方米？

思考分析

单位不同，需要先进行单位换算，也可以计算出结果后再进行单位换算。

因为 910 和 420 是较大的数，因此先进行单位换算更为合理。

910 厘米 = 9.1 米，420 厘米 = 4.2 米。

周长：（9.1 + 4.2）× 2

= 13.3 × 2

= 26.6（米）。

面积：9.1 × 4.2 = 38.22（平方米）。

《最后的晚餐》这幅画的周长是 26.6 米，面积是 38.22 平方米。

拓展思路

回家后，淘淘正在写意大利游记，妈妈说：“你的书桌面的面积大约是 30 平方分米,《最后的晚餐》这幅画的面积大约相当于多少个你的书桌面的面积?”

答案提示

书桌面的面积是 30 平方分米,《最后的晚餐》的面积是 38.22 平方米，可以把书桌面的面积换算为平方米，转化为小数；也可以把壁画的面积换算为平方分米，转化为整数。一般地，我们认为整数的除法比小数的除法更简便。

38.22 平方米 = 3822 平方分米，

______________________________。

《最后的晚餐》这幅画的面积大约相当于 ______ 个淘淘的书桌面的面积。

智慧提升

单位换算是数学问题中经常要进行的步骤，具体的换算方法要根据实际情况而定，在解决问题时要具体问题具体分析。数学学习一定要学会举一反三，灵活掌握各种数学定理。

抽奖

故事分享

星期天，淘淘和爸爸、妈妈到饭店用餐。点过餐后，服务员阿姨走上前说："您好，根据您的消费情况可以参加我们饭店的抽奖活动，一等奖是电动车一辆，二等奖是电饭煲一个，三等奖是茶具一套，四等奖是食用油一桶，五等奖是果汁一瓶，六等奖是餐巾纸一包。请派一个人跟我到前台抽奖吧！"听说要抽奖，淘淘已经坐不住了，他一蹦一跳地跟着服务员阿姨来到了前台，只见前台的旁边立着一个转盘，转盘上标着 1 ～ 6 几个数字，对应一等奖至六等奖，中间有一根大指针（如下页图）。

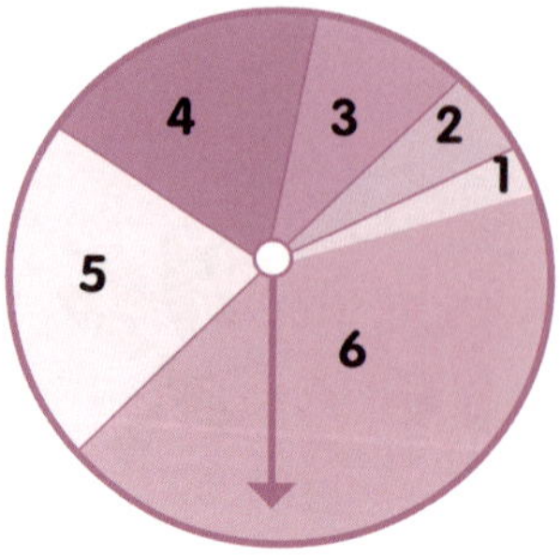

阿姨说："小朋友，你只需要转动转盘，转盘停下来时，指针指到几你就可以获得几等奖了。"淘淘观察了这个转盘，发现要想获得一等奖的可能性是非常小的，最容易获得的就是六等奖了，这也许就是爸爸常说的商家的秘密吧。淘淘用力转动了一下转盘，然后开始在心里默默念叨：一等奖，一等奖，一等奖……转盘快要停下来了，指针指到了1，淘淘正准备蹦起来时，可转盘接着又走过了2、3、4，终于在5的区域转盘停了下来。阿姨拿来一瓶果汁，笑眯眯地说："恭喜你，你荣获了五等奖，奖品是一瓶果汁。"虽然没有得到一等奖，但果汁也不错嘛，因为一等奖真的很难中哦。

小朋友，你知道为什么淘淘说抽到一等奖的可能性非常小，抽到六等奖的可能性非常大吗？

思考分析

从转盘的表面我们可以看出，上面有 1 ~ 6 几个数字，也就是说每种奖项都有可能抽到，但 6 个数字占的面积却不同，一等奖占的面积最小，六等奖占的面积最大。根据我们的经验，**面积越小的区域指针越难指到，而面积越大的区域指针越容易指到，**所以淘淘说获得一等奖的可能性非常小，抽到六等奖的可能性最大。

拓展思路

如果班级搞抽奖活动，需要设置一、二、三等奖，要求抽到一等奖的可能性最小，抽到三等奖的可能性最大，你能为这个抽奖活动设计一个转盘吗？

答案提示

要想使抽到一等奖的可能性最小，那么一等奖所占的面积就应该最小；要想使抽到三等奖的可能性最大，那三等奖所占的面积就应该最大。所以，转盘我们可以设计成这样：

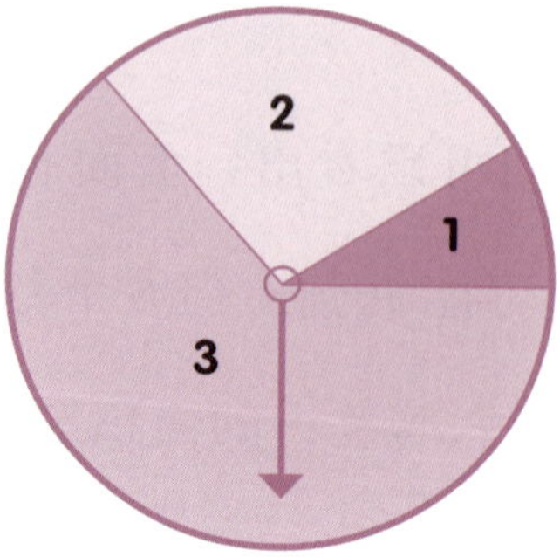

智慧提升

在转盘游戏中，往往会设置好几种奖项，这几种奖都有可能抽到，但各奖项所占的面积又会有所不同，一般来说面积越大的区域越容易转到，而面积越小的区域越难转到，所以抽到各奖项的可能性就有大有小。

奇妙的正方体展开图

故事分享

在数学课上，淘淘将一个正方体盒子拆开，把多余的部分剪掉，形状如下：

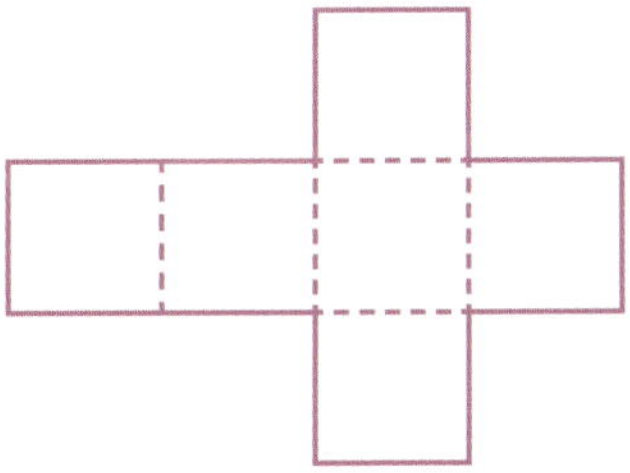

晚上回到家，淘淘一直在想，这样的图形真有意思，他把剪开的图形仔细看了一下，就想象出这是一个正方体。

今天的作业里有如下一些展开图，要求判断一下哪些图形沿虚线折叠后能围成正方体。

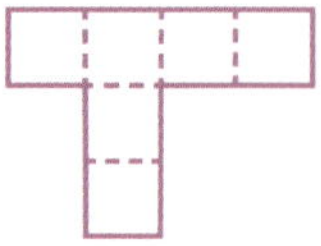
①

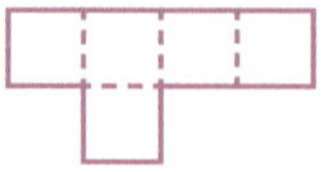
②

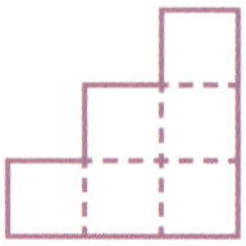
③

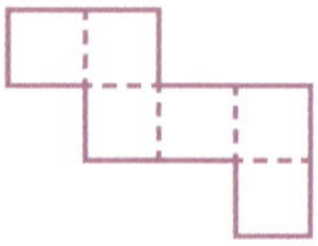
④

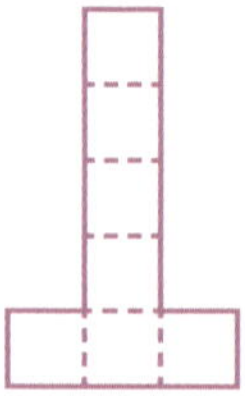
⑤

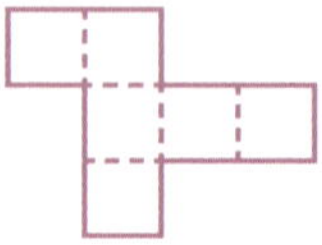
⑥

请你帮淘淘找出哪些图形沿虚线折叠后能围成正方体。你可要认真想一想哟！

思考分析

其实，我们都知道正方体有6个面，所以，我们可以把②⑤排除。我们再把这些图形在脑海里沿虚线折叠，或者剪出这些图形沿虚线折叠，我们就会发现①③不能围成正方体，只有④⑥能围成正方体。

拓展思路

淘淘觉得很有趣，便将一个个相同的正方体盒子拆开，形成了不同的展开图。淘淘将一个正方体盒子展开后在相对的面标上了相同的图形，请你在其他展开图上用相同的符号标出相对的面。

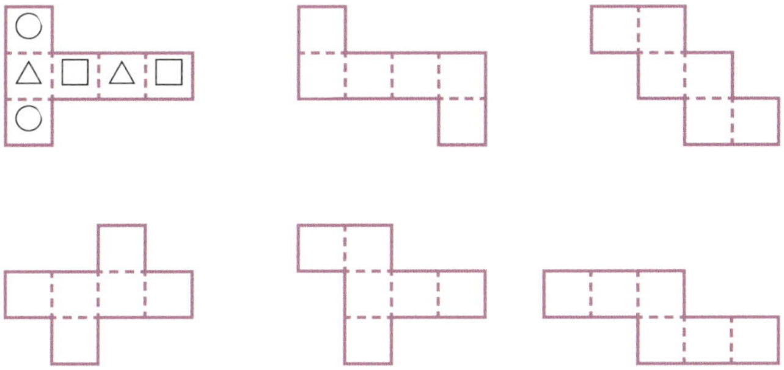

答案提示

我们把这些图形在脑海里沿虚线折叠，或者剪出这些图形沿虚线折叠，这样就可以标注出正方体盒子展开图相对的面。

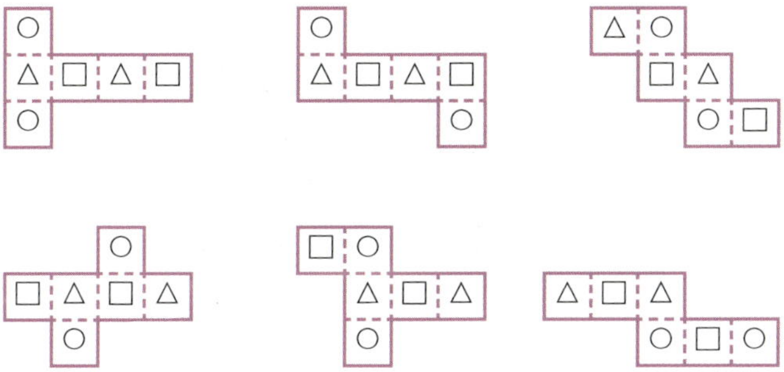

智慧提升

对于展开图，我们在脑海中进行折叠，这样做能够培养我们的空间观念，能够让我们在合理的想象中学会思考，在积极思考的同时，开启我们的智慧，让我们的空间想象能力得到发展。

整理书柜

故事分享

寒假里，淘淘想整理一下自己的书柜。淘淘的书柜是爸爸作为奖品奖励给他的，书柜是一个机器猫的卡通形状，分为上、下两层，淘淘特别喜欢这个书柜。他先把书都拿出来，数了数一共 132 本。这时，爸爸走过来，对淘淘说："我们的淘淘长大了，都会整理自己的书柜了。"淘淘想考考爸爸，就对爸爸说："这个书柜一共有 132 本书。我先从书柜的第一层拿走了 15 本书，这时，第二层的书比第一层的 2 倍还多 6 本。爸爸，您知道我的书柜第二层有多少本书吗?""这个简单!"爸爸说着开始认真思考起来。同学们，你们知道淘淘的这个书柜第二层有多少本书吗?

思考分析

根据淘淘和爸爸的对话，我们知道从书柜的第一层拿走了 15 本书，也就是从总的 132 本书中去掉 15 本，也就是 $132 - 15 = 117$ 本。以此时第一层书的本数为 1 份，那么，第二层的书就是 2 份多 6 本。也就是去掉 6 本，第二层就是 2 份。$117 - 6 = 111$（本）。那么，3 份正好是 111 本书。所以，淘淘书柜的第二层有书：$111 \div 3 \times 2 + 6 = 80$（本）。

拓展思路

如果淘淘的 132 本书中，既有科技书、图画书，还有故事书。淘淘知道了故事书的本数比图画书的 3 倍多 2 本，科技书比故事书的 3 倍少 6 本。同学们，你们知道科技书、图画书和故事书各有多少本吗？

答案提示

根据上面的信息，可以借助线段图帮助我们分析、理解题意（如下页图）。

我们把图画书的本数看作 1 份，那么故事书的本数就是 3 份 + 2 本，科技书就是（3 份 + 2 本）的 3 倍 − 6 本，也就是 9 份。1 份 + 3 份 + 2 本 + 9 份 = 132 本，所以，1 份 + 3 份 + 9 份 = 130 本。我们就可以求出图画书有 130 ÷（1 + 3 + 9）= 10 本，故事书有 10 × 3 + 2 = 32 本，科技书有 32 × 3 − 6 = 90 本或 132 − 10 − 32 = 90 本。

智慧提升

上面的问题是典型的和倍问题，就是已知几个数的和以及它们之间的倍数关系，求这几个数的问题解决。和倍问题的基本数量关系是：**和 ÷（倍数 + 1）= 较小的数，较小的数 × 倍数 = 较大的数。**如果题目没有直接告诉我们或数量关系比较复杂，我们可以设法先求出倍数关系再进行解答。

小路的面积

故事分享

在《魔力数学：优化　类比》中我们曾经讲到乐乐计算了L形石子路的周长，你还记得吗？最近乐乐又学习了面积，于是他又来到了小区的石子路旁，这次他想知道这条L形石子路的面积有多大。课堂上学习了长方形的面积，也学习了正方形的面积，可石子路的形状有些奇怪，怎么办呢？不过这次可没难倒乐乐，有了上次计算周长的经验，这次他学聪明了，很快找到了计算L形石子路面积的方法。猜一猜，他找到了什么样的方法呢？

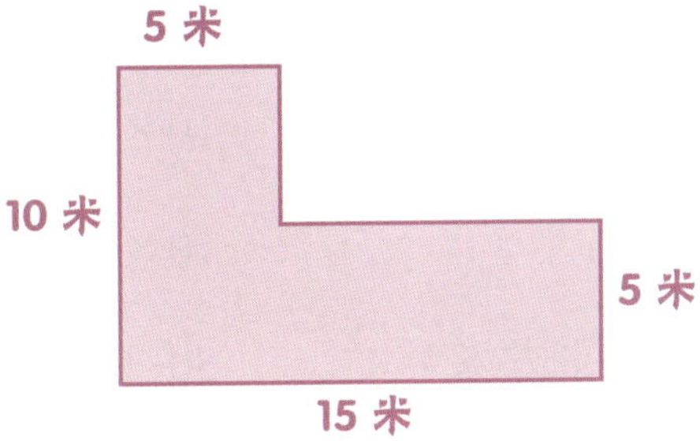

思考分析

我们学习了**长方形的面积 = 长 × 宽，正方形的面积 = 边长 × 边长**，但这条石子路既不是长方形，也不是正方形，用我们所学的知识不能直接计算出石子路的面积，怎么办呢？这时就需要想办法把石子路变成学过的图形来计算面积，乐乐正是采用了这样的方法。他在石子路的示意图中画了一条线（如下图），结果就把原本L形的石子路变成两个图形，然后分别计算出两个图形的面积，再把两个图形的面积相加就可以得到L形石子路的面积了。

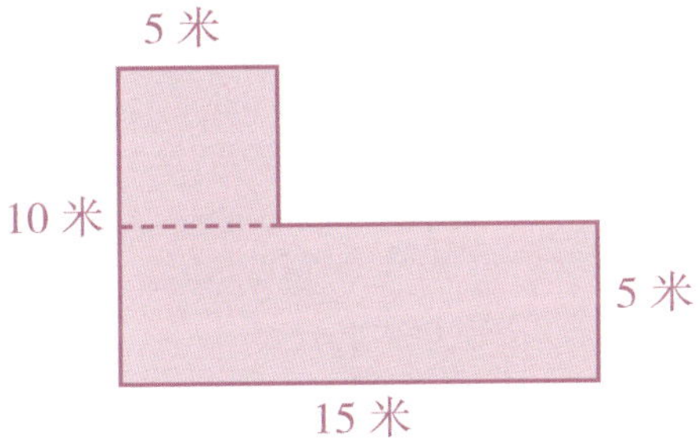

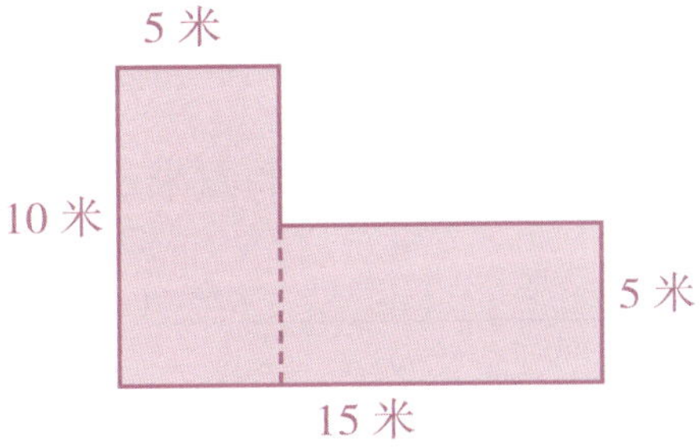

分割方法一

$5 \times 5 = 25$（平方米）

$15 \times 5 = 75$（平方米）

$25 + 75 = 100$（平方米）

分割方法二

$10 \times 5 = 50$（平方米）

$10 \times 5 = 50$（平方米）

$50 + 50 = 100$（平方米）

拓展思路

乐乐采用分割的方法把 L 形的石子路转化成了长方形或正方形来计算它的面积，你还有其他办法计算出石子路的面积吗？试试看吧。

答案提示

上面两种分割的方法是把求 L 形石子路的面积转化成了求两个图形面积的和，我们还可以采用增添的办法，把求 L 形石子路的面积转化成求两个长方形面积的差来计算。

$15 \times 10 = 150$（平方米）

$10 \times 5 = 50$（平方米）

________________（平方米）

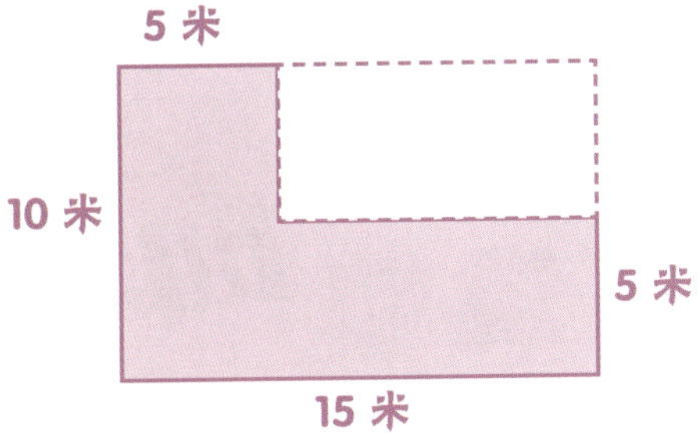

智慧提升

计算不规则图形的面积时，我们可以通过**转化的方法**把不规则的图形转化成规则的图形来计算。

巧算浇地面积

故事分享

淘淘家买了一套新房，为了爷爷、奶奶活动方便，他们把房子买在了一楼。在一楼的小院里，淘淘的妈妈开辟出一块平行四边形的菜地，菜地的面积是120平方分米。妈妈每天都要给这块菜地浇水，很辛苦。淘淘就想帮妈妈分担一些浇水的任务，妈妈听了很高兴，就分出一部分地给淘淘浇水（淘淘浇水的部分是下图中阴影部分）。你知道淘淘浇地的面积是多大吗？

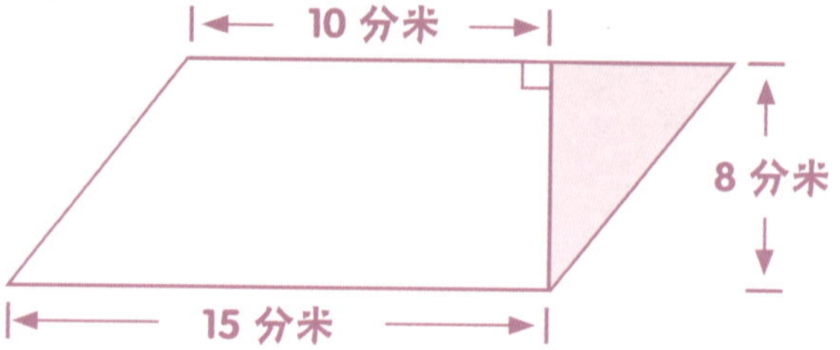

思考分析

其实，求淘淘浇地的面积是多大也就是求阴影部分的面积。爸爸在一旁说："可以用平行四边形的面积减去梯形的面积，淘淘你会算吗？""这还不简单！$15\times8-(10+15)\times8\div2=120-100=20$（平方分米）。"淘淘很认真地回答道。

拓展思路

淘淘计算出了自己浇水的面积，还有简单一些的方法吗？同学们，请你们认真想一想。

答案提示

淘淘疑惑地说："这样太麻烦了，还有简单的方法吗？"爸爸回答："可以直接求出你浇地的面积。"淘淘自信地说："________________________________。""现在我们的淘淘不仅体贴父母，而且会独立解决问题了，淘淘长大了，懂事了！"爷爷在旁边幸福地说，全家人都开心地笑了。

智慧提升

我们在进行分析、解决问题时，不妨多角度思考问题，这能让我们在比较中学会思考，在思考中找到解决问题的最佳方案。

称面积

故事分享

这天，淘淘对着一个不规则图形发呆，这个不规则图形既不是圆的又不是方的，虽然淘淘已经掌握了多边形面积的计算方法，但这个多边形太复杂了，要计算出它的面积还真是不容易。如果我们在这个不规则多边形的上面放一个透明的面积单位为1平方厘米的正方形方格纸，数起来也实在难数。有没有一种简单的方法算出这个不规则多边形的面积呢？淘淘一边观察，一边思考。

淘淘拿起剪刀，沿着这个不规则多边形的边缘剪下来。“你这是干什么？”淘淘的爸爸看到淘淘的行为不解地问。“一会儿您就知道了！”淘淘边剪边说。淘淘将这个剪好的不规则多边形放在天平的左端，另一端放上砝码，称出了这个不规则多边形的质量。同学们，你们知道淘淘是怎样算出不规则多边形的面积的吗？

思考分析

淘淘将称好的不规则多边形的质量记下来，然后再将与多边形同样厚的纸（纸的形状尽可能是正方形或长方形）称好，当称好的质量与剪好的不规则多边形的质量一样重时，就可以计算出这个长方形或正方形纸的面积，它的面积也就是这个不规则多边形图形的面积。

拓展思路

同学们，你们能否用这种方法称出一幅中国地图的面积呢？请你们也来试一试。

智慧提升

我们解决问题时，有时不妨换一种思路。可能当我们转换了思维方式后，问题会解决得更好。

你会计算三角形的面积吗

故事分享

学会了如何计算三角形的面积后，飞飞认为自己是计算三角形面积的“专家”，到处宣扬，非常得意。

淘淘看到飞飞得意的神情，就打算考考他。淘淘来到飞飞的身旁，在飞飞的练习本上画了一个大三角形，并标出了三角形的底和高，然后让飞飞计算一下这个三角形的面积（如下图，单位：厘米）。

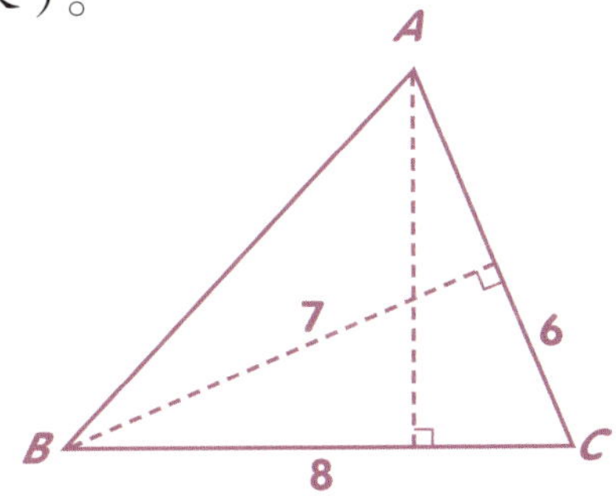

飞飞一看是计算三角形的面积，高兴极了，他脱口而出：“$7\times8\div2=28$（平方厘米）。”他说完后，在一旁的花花说：“不对！应该是：$6\times8\div2=24$（平方厘米）。”同学们，你们知道他们两人谁说的对吗？请说出理由。

思考分析

他们两人说的都不对。飞飞在计算时，虽然知道**三角形的面积是“底 × 高 ÷2”**，但在计算三角形的面积时需要找到底对应的高，否则就会出错。而花花是把三角形的两个邻边看作底和高，显然是错的。正确的计算方法是：$6\times7\div2=21$（平方厘米）。

拓展思路

淘淘的爸爸想买一块三角形的茶色有机玻璃（如下页图，单位：厘米），每平方厘米的价格是 9 元，你知道淘淘的爸爸买这样一块玻璃需要付多少钱吗？

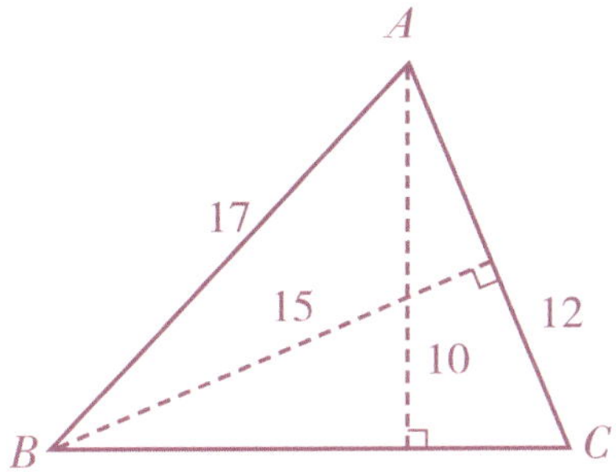

答案提示

这块三角形的茶色有机玻璃的面积是：＿＿＿＿＿＿＿＿（平方厘米），买这样一块玻璃需要付：＿＿＿＿＿＿＿＿（元）。

智慧提升

三角形面积的计算公式虽然简单——底 × 高 ÷2，但我们在结合实际情况进行计算时，需要找到三角形的底和这个底对应的高，这样才能准确计算出这个三角形的面积。

巧拼图形

故事分享

淘淘很喜欢图形的拼摆，他利用彩纸拼出了一个个美丽的图案。今天，淘淘的这幅画上少了一个边长6厘米的正方形草坪。但淘淘看了看自己的彩纸，只剩下一张长9厘米、宽4厘米的长方形绿纸。淘淘看着这张绿纸，想：该如何拼成一个边长6厘米的正方形草坪呢？看来只能用拼剪的方法了，让我来试一试吧！

同学们，你们知道淘淘是如何将这个长9厘米、宽4厘米的长方形转化成一个边长6厘米的正方形的吗？请你们认真思考一下。

思考分析

要将长 9 厘米、宽 4 厘米的长方形转化成一个边长 6 厘米的正方形，需要先将长方形的一条边剪成 6 厘米，然后将剩余部分再次剪拼，使它成为一个边长 6 厘米的正方形（如下图）。

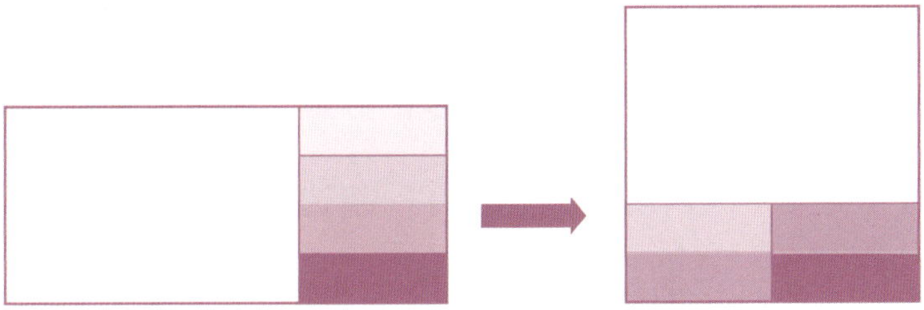

拓展思路

想一想，如果将这个长方形只剪成两块，并拼成一个边长 6 厘米的正方形，你能做到吗？比一比，看谁是最爱动脑筋的孩子！

答案提示

我们在剪的时候，要注意剪成的长和另一条拼成的边长都是 6 厘米，这样正好拼成一个边长 6 厘米的正方形（如下页图）。

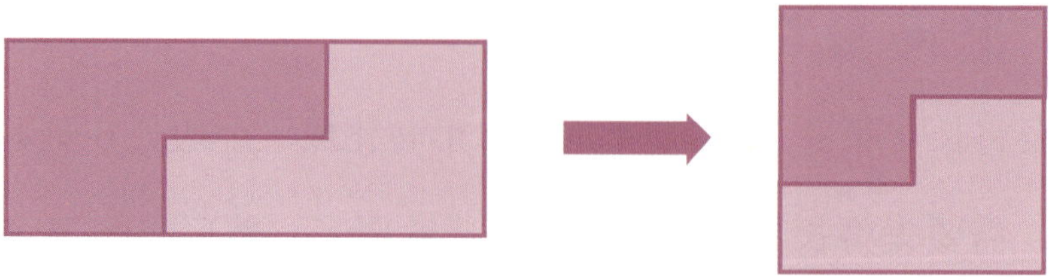

智慧提升

要使一个长方形在剪拼后成为正方形，我们要注意剪后的图形与正方形边长一致，然后注意另一条边长也要与正方形边长一致。这样，才能真正剪拼成一个符合要求的正方形。

需要多少布料

故事分享

秋天到了，淘淘、乐乐秋游时路过布匹商店，里面的布料漂亮极了，红的，黄的……而且门口广告牌上写着“两人一起消费，可享受八八折优惠”，正好淘淘、乐乐都想买布匹做属于自己的旗帜，于是兴冲冲进店挑选布料去了。

他们俩很快挑选出自己喜欢的布料，淘淘挑选了一块较大的正方形红色布料（如下页图正方形 $ABCD$），乐乐挑选了一块小一点儿的蓝色布料（如下页图正方形 $GCEF$）。淘淘直接沿着大正方形对角线剪开，取其中的一半做成旗帜。乐乐想做大一点儿的，和淘淘商量能不能把两块布料拼在一起，以自己的布料边长（EF）为三角形旗帜的底边，拼接起来两个正方形边长（BE）为三角形的高，这样既可节约布料，又可以做更大的旗帜。

店铺老板听到他们的对话后很高兴，觉得淘淘、乐乐很节约，并且懂得分享，便说道："如果你可以完成我出的难题，今天布料给你们打七折。"问题如下：

大正方形布料的边长比小正方形布料的边长长 4 厘米，将两块布料组合一起，拼成的新图形（如下图）周长是 52 厘米，按你们自己的要求，两个旗帜都做完后，分别用布料多少平方厘米？

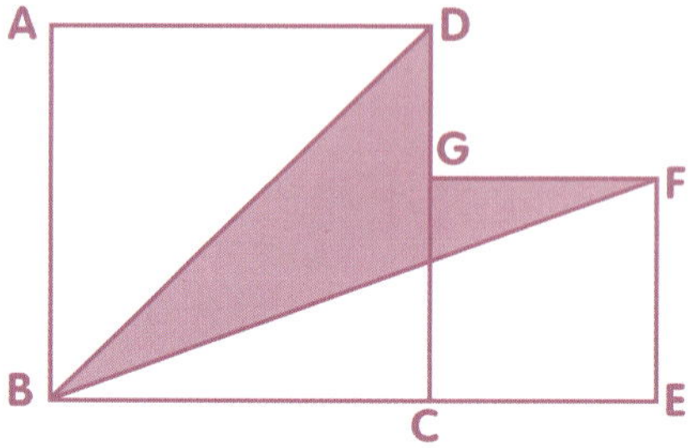

聪明的你们可以解决这个问题吗？

思考分析

如上图，ABCD 表示淘淘选择的大正方形布料，GCEF 表示乐乐选择的小正方形布料。根据已知条件，组合图形的周长中大、小正方形 CG 部分的长度重合了。用组合图形的周长减去 DG，就得到大、小正方形边长之和的三倍，所以两个正方形的边长之和等于（52 − 4）÷3 = 16 厘米。

大正方形边长 =（16 + 4）÷2 = 10（厘米），小正方形边长 =（16 − 4）÷2 = 6（厘米）。所以淘淘用的布料面积是 10×10÷2 = 50 平方厘米，乐乐用的布料面积是 16×6÷2 = 48 平方厘米。

拓展思路

很快，他们都算出来了自己做旗帜需要的布料，你知道还剩余多少布料吗？

答案提示

刚才已经算出乐乐所用布料的边长是 6 厘米，淘淘所用布料的边长是 10 厘米，两个正方形的面积之和减去三角形 ABD 与三角形 BEF 的面积，就得到阴影部分的面积。刚才两面旗帜的面积已经算出来分别是 50 平方厘米和 48 平方厘米，所以剩余布料就是：________________________（平方厘米）。

智慧提升

解决问题时，当我们没有解决问题的思路时，我们可以通过画图理清楚其中蕴含的信息和等量关系，从而帮助我们更好地解决问题。

我是城市绿化师

故事分享

春天来了，小草绿了，鲜花开了……我们的城市越来越漂亮了。城市建设规划中心决定在我们的校园附近增加更多的绿化面积。恰逢植树节，市里要在我们学校门口的小路上栽上一些小树，过几年，这条小路就会变成林荫小道。在规划前，淘淘和乐乐决定给城市建设规划中心写一封建议信。

淘淘和乐乐为了让建议更合理，给出详细的植树方案，去做了实地调查。他们测量出学校门口的小路全长 20 米，可以每隔 5 米栽一棵树，这样最有利于每棵树的生长。

淘淘轻松地说："这也太简单了，根据乘法口诀'四五二十'，所以我们这条小路一共栽 4 棵树就可以了。""是这样吗？”乐乐不太确定地问道。最终，淘淘和乐乐把这个问题带到了班里的“问题银行”，和同学们共同讨论方案。

城市建设规划中心最终采纳了大家的建议，乐乐和淘淘还有许多小朋友在植树节那天做了志愿者，叔叔阿姨们都夸他们是既能干又爱动脑筋的好孩子！

思考分析

20 米的小路上，每隔 5 米栽一棵树，一共栽 4 棵树吗？

1. 如图：

很显然，一共有 4 个 5 米，也就是 4 个间隔，在两端都栽上小树苗的情况下就要栽 4 + 1 = 5 棵，即间隔数 + 1 = 树的棵数。

2. 如果两端都有建筑物，没办法栽树，一共要栽多少棵树？

3. 如果只有一端有建筑物，没办法栽树，一共要栽多少棵树？

拓展思路

在 20 米长的小路上栽树，我们可以画线段图，一棵一棵地数出来。如果是 100 米长的道路和 1000 米长的道路，每隔 5 米栽一棵，分别需要栽多少棵树？你能找到规律吗？如果要在长 45 米的环形跑道上栽树，每隔 5 米栽一棵，一共要栽多少棵树呢？

答案提示

1. 小路两端没有建筑物，两端都可以栽树，一共要栽 $4+1=5$ 棵，即栽树的棵数＝间隔数＋1。

2. 小路两端都有建筑物，没办法栽树，一共要栽 $4-1=3$ 棵，即栽树的棵数＝间隔数－1。

3. 只有一端有建筑物，没办法栽树，一共要栽 $20\div5=4$ 棵，即栽树的棵数＝间隔数。

智慧提升

对于栽树问题，我们需要先把生活中的实际问题转化成数学

30
1

30
P
1

问题。实际问题的含义是指小路两端都栽树［一共可以栽树（间隔数＋1）棵］，还是两端只有一端栽树［一共可以栽树（间隔数）棵］，或者是两端都不栽树的情况［一共可以栽树（间隔数－1）棵］。

摆棋子的学问

故事分享

星期天，淘淘、乐乐和淘淘的爸爸在家里下围棋，特别快乐。下完棋后，爸爸想考考淘淘和乐乐，就问："如果正方形的四条边上都摆上棋子，每条边 3 颗，最少摆多少颗？"

请同学们认真想一想，他们需要至少摆多少颗棋子呢？

思考分析

淘淘刚想回答 12 颗，但仔细想了想，觉得不会这么简单，就认真思考起来：正方形的每个角都摆一颗棋子，四个角就是 4 颗，再在每条边的中间摆 1 颗，就符合要求了，最少要摆 8 颗棋子。乐乐也在一旁说："我的结果也是 8 颗棋子，但我和淘淘的想法不一样，我是依次围着正方形摆的，每边先摆两颗棋子，顺次围成正方形，正好是 8 颗棋子，而且都符合要求。”淘淘的爸爸看着儿子和乐乐都说出了正确的结果，高兴地笑了。

拓展思路

爸爸看到淘淘轻而易举地将结果说了出来，就接着追问道：“如果 10 颗棋子摆成 5 行，每行 4 颗棋子，你会怎样摆？”淘淘一下被难住了。同学们，你们能帮助淘淘想出办法吗？比一比，看谁是最聪明的学生。

答案提示

把 10 颗棋子摆成 5 行，每行 4 颗棋子，这里一定有若干颗棋子重复计算了。经过我们尝试摆放，结果如下：

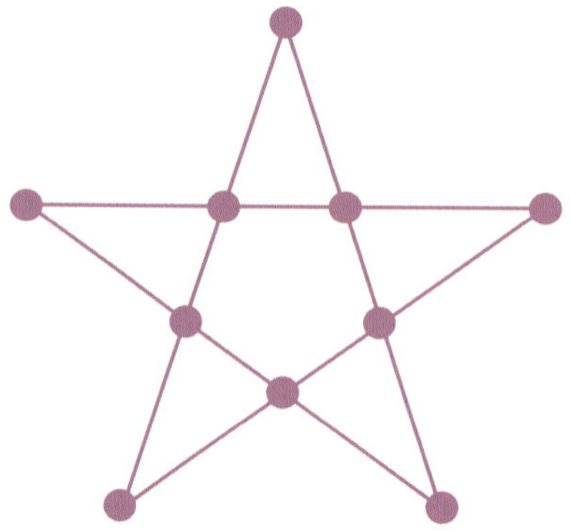

智慧提升

摆棋子的时候，我们要思考如何将重复的棋子进行摆放，才能符合要求。我们要在不断的尝试与调整中找到最佳方案，在不断的完善和思考中找到解决问题的策略。

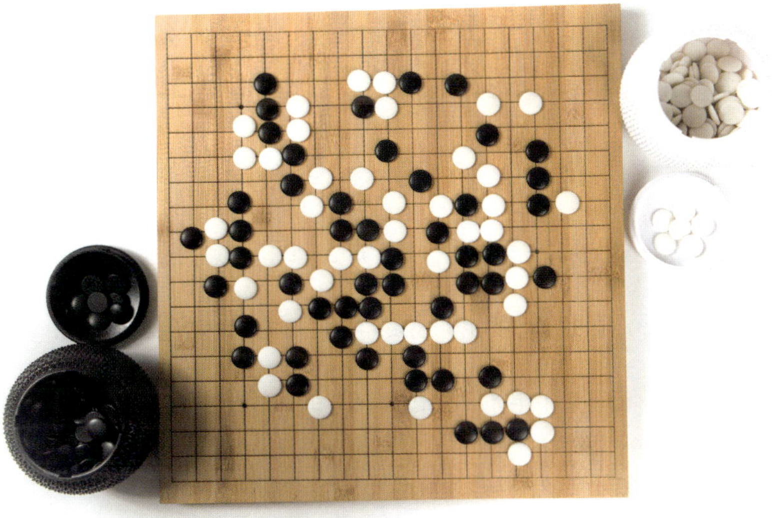

一共要多少面彩旗

故事分享

淘淘的叔叔是一所学校的老师。一天，叔叔带淘淘到了他所在的学校。在校园路上，淘淘看到一位大哥哥正皱眉苦思着什么，就走上前问：“大哥哥，你有什么需要帮助的吗？”大哥哥一看是个小学生，就急忙摆手说：“没什么。”在淘淘的再三追问下，这位大哥哥说：“学校要举行运动会，我要在100米的走道两旁插彩旗，从走道的一端插起，每隔5米插一面彩旗，而且走道的两端都要插，但我还没算出要领多少面彩旗。”这还不简单！经过淘淘的分析，大哥哥非常高兴地去领彩旗了。同学们，你们知道要领多少面彩旗吗？

思考分析

要在100米的走道上插彩旗，而且每隔5米插一面彩旗，可以求出走道被平均分成了 $100\div5=20$ 段，因为走道的两端都要插，所以走道一边就要插彩旗的面数比段数多1，也就是一边要插 $20+1=21$ 面彩旗。而走道两旁都要插彩旗，所以一共需要 $21\times2=42$ 面彩旗。

拓展思路

这位大哥哥在淘淘的帮助下完成了走道插彩旗的任务，但同时又领到一个新任务：要在学校环形操场的四周也间隔5米插一面彩旗，操场四周的长是420米。这次，大哥哥应该领多少面彩旗呢？

答案提示

要在学校环形操场的四周间隔5米插一面彩旗，可以求出环形操场被平均分成了 ________________ 段，因为环形操场是一个封闭的环形，所以段数就是要插的彩旗数。所以，大哥哥应该领的彩旗数是 ______ 面。

智慧提升

这类题目属于植树问题。解答这类题目，需要认真分析和思考如何正确地建立一一对应的数量关系，只有这样，才能够准确而迅速地解决问题。

巧用棋子摆方阵

故事分享

周日，淘淘来到乐乐家玩，看到乐乐家的桌子上放了一些围棋子，就在桌上摆起来。他拿了16枚棋子，每边5枚棋子，围成了一个正方形（如下图）。

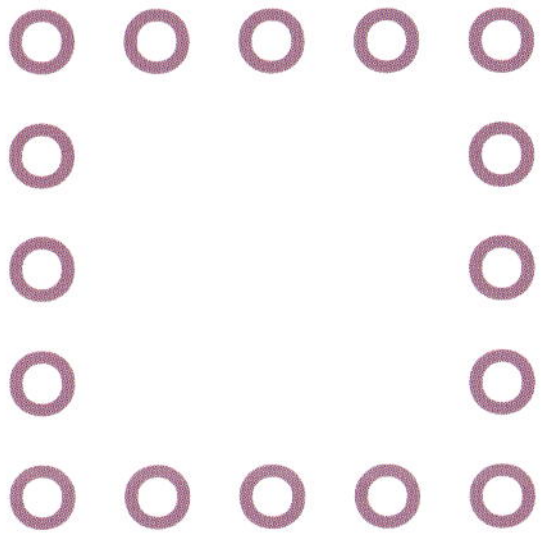

如果减少4枚棋子，还能围成一个每边是5枚棋子的正方形吗？淘淘在思考，乐乐也加入了思考，并很快就想出了

结果。同学们，你们有办法做到吗？

思考分析

乐乐是这样想的：12 枚棋子，每边 3 枚棋子，但要围成一个每边还是 5 枚棋子的正方形，所以，四角应各放 2 枚棋子（如下图）。

拓展思路

淘淘说："请你想一想，再去掉 2 枚棋子，你能围成一个每边仍是 5 枚棋子的正方形吗？"同学们，淘淘也想考考你们，请你们也动动脑筋吧。

答案提示

12 枚棋子再去掉 2 枚棋子，要围成一个每边仍是 5 枚棋子的正方形，棋子就只能放在四角（如下图）。

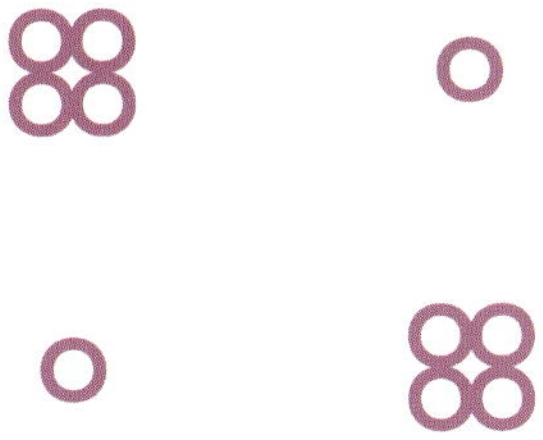

智慧提升

用棋子摆正方形时，要注意从这个正方形的四个角入手，巧妙摆放才能用一些固定数量的棋子围成每边是指定个数的正方形。

倍增的威力

故事分享

寒假，淘淘去乐乐家玩耍，和乐乐、乐乐的妈妈一起去超市进行采购，为了奖励淘淘和乐乐期末取得好成绩，乐乐的妈妈决定奖励他们一些糖果，但是不能贪心。淘淘、乐乐开心极了，都在想到底要多少糖果呢。

纠结之后，淘淘说我要100个糖果，等开学可以给好朋友们分着吃。乐乐灵机一动，说我先要一颗糖果。乐乐的妈妈疑惑地说："先一颗糖果，然后呢？"乐乐回答道："妈妈，您还记得家里的九宫格吗？只要在九宫格的第一格放1颗糖果，在第二格放2颗糖果，在第三格上加倍成4颗，以此类推，在第二排第一格放8颗糖果，每一格糖果数量都是前一格的两倍，这就是我想要的糖果数量。”淘淘哈哈大笑，诧异于乐乐只要这么少的糖果！

买完糖果后，淘淘却笑不出来了。你知道淘淘为什么笑不出来了吗？

思考分析

在九宫格中放糖果，第一格 1 颗糖果，第二格糖果数量是第一格的 2 倍也就是 $1\times2=2$ 颗，第三格糖果数量也就是 $2\times2=4$ 颗，第四格糖果数量也就是 $4\times2=8$ 颗，第五格糖果数量也就是 $8\times2=16$ 颗，以此类推，第六、七、八、九格糖果数量分别是：$16\times2=32$（颗），$32\times2=64$（颗），$64\times2=128$（颗），$128\times2=256$（颗），合起来也就是：$1+2+4+8+16+32+64+128+256=511$（颗）。

1	2	4
8	16	32
64	128	256

拓展思路

淘淘又问，如果第一格放 1 颗糖果，第二格放 3 颗糖果，第三格放 9 颗糖果，以此类推，那么放满整个九宫格，会有多少颗糖果呢？

答案提示

其实方法和刚才是一样的，第二格放 $1\times3=3$ 颗，第三格放 $3\times3=9$ 颗，每格糖果数量都是前一格的 3 倍，合起来也就是：$1+3+9+27+81+243+729+2187+6561=9841$（颗）。

1	3	9
27	81	243
729	2187	6561

智慧提升

有时候一些东西表面上看似很少，但我们不能被表面现象所迷惑，要深入思考感受倍增的威力。当遇见倍数问题时，我们不要着急下结论最终数是多少，要找到谁是谁的几倍，然后认真计算结果并观察结果的特点。

运木材

故事分享

“叮叮叮，叮叮叮”，周末的上午，乐乐去淘淘家找他玩儿，谁知按了半天门铃无人应答，乐乐很纳闷：“怎么回事，淘淘不会还没起床吧。”刚准备离开，门开了，淘淘不好意思地说：“刚刚思考问题太入神了，没听见敲门声。”乐乐好奇地问：“难道是有新的数学难题了？如果真的有那就太好了，我最喜欢思考了。”淘淘说：“确实有个故事难住了我。森林王国的大象伯伯正在帮助虎村长运木材，运的树木有：8 米长的树 8 棵，12 米长的大树 4 棵，16 米长的特大树 6 棵。为了运输方便，狐狸博士建议把这些树截成同样长的，这样既方便也不会出错，大象伯伯被难住了，这可怎么截才能一样长？”

乐乐说：“人多力量大，我们一起来算算吧！”

聪明的你知道应该截成多少米长度吗？

思考分析

为了没有剩余，求出截的木头多长，我们要知道这三个数的最大公因数，写成算式就是 $8=2\times2\times2$，$12=2\times2\times3$，$16=2\times2\times2\times2$。它们的最大公因数是 $2\times2=4$，因此截成 4 米就可以。

拓展思路

乐乐他们齐心协力，很快解决了这个问题，乐乐补充说：“淘淘，你知道如果截成相同的长度，这么多树可以截成多少段吗？”

答案提示

根据刚才的思考，我们知道它们的最大公因数是 4，那一共可以截得：$8\div4\times8+12\div4\times4+16\div4\times6=16+12+24=52$（段）。

智慧提升

最大公因数、最小公倍数不仅是数学的重要内容，而且在我们生活中应用非常广泛，可以帮助我们解决生活中的实际问题。

好玩的数学游戏

故事分享

淘淘一直缠着爸爸要做数学游戏，因为数学游戏可以锻炼自己的智慧。在淘淘再三要求下，淘淘爸爸放下自己手中的事情，并邀请淘淘妈妈一起做数学游戏。

游戏开始了，淘淘爸爸可是数学游戏高手，他知道很多有趣的数学游戏呢。淘淘爸爸让淘淘和妈妈每人准备一个本子，在本子上任意写出一个四位数。淘淘爸爸说：“请将千位上的数字移到原来个位的后面，这样就得到一个新的四位数。然后，将这两个四位数加起来，把结果告诉我。”一听说要计算，淘淘有些不太高兴，小声嘟囔着：“做数学游戏，怎么开始算题了？”淘淘爸爸说：“这里面可有学问呢！”淘淘妈妈说：

“我想了两个数，计算结果分别是 3575 和 8965。”淘淘说：“我也想了两个数，计算结果分别是 5830 和 4152。”淘淘爸爸说：“妈妈计算完全正确，淘淘第一个计算正确，请你认真检查第二个题目，你一定计算错了。”淘淘看了看自己的算式，的确是写错了。

游戏还在进行中，当每次出现错误时，淘淘爸爸就会提醒。这反而让淘淘思考起来，爸爸用了什么魔法能知道我们计算是否有误呢？这里面是否藏着什么秘密呢？

思考分析

其实，这个游戏里面藏着一个数学知识，就是 11 的倍数特征——**奇位上的数字之和减去偶位上的数字之和，差是 11 的倍数，这个数一定是 11 的倍数。**而在上述游戏中，淘淘爸爸将一个四位数千位上的数字移到原来个位的后面，这样就得到一个新的四位数。然后，将这两个四位数加起来。这样计算的结果一定是奇位上的数字之和等于偶位上的数字之和，也就是奇位上的数字之和减去偶位上的数字之和等于 0，所以淘淘爸爸就能很快判断计算是否正确了。

现在，我们知道了这个游戏的规律，请你用这个规律互相判断一次吧！

智慧提升

游戏中藏着智慧，只要我们善于动脑思考，就能找到游戏里的秘密，就能够找到游戏中的谜底，感受游戏背后的数学规律。

认真观察巧分组

故事分享

昨天，淘淘的表姐给淘淘出了这样一个题目：把26、34、57、65、69、95、119和161八个数分成两组，怎样分才能乘积相等呢？

淘淘想了很长时间都没有想出来，今天就要给表姐答复了，这可怎么办？于是，在课间，淘淘就一个个乘起来。乐乐正在教室外面玩，他左看右看也没有见到自己的好朋友淘淘，于是，他就走进教室，发现淘淘在认真计算呢！乐乐就知道自己的好伙伴一定遇到什么难题了。当乐乐问清楚了情况，他也很为难，因为这样的题目的确有很大的难度。

"我们知道乘积相等也就是……"淘淘无精打采地说。"对了！我们可以……”乐乐抢着回答道。“对！对！我怎么没有想到！”淘淘兴奋地说。他们两人终于解决了这个问题。上课的铃声响了，淘淘和乐乐都轻松地投入到学习中去了。

同学们，你们知道淘淘和乐乐是怎样解决这个问题的吗？请你们也来试一试，把你们的思考和大家一起分享。

思考分析

我们可以利用**分解质因数**的方法进行思考。因为是乘积相等，只要这几个数的质因数相同，乘积一定相等。我们先把这 8 个数分解质因数。

$26=2\times13$　　$34=2\times17$　　$57=3\times19$　　$65=5\times13$

$69=3\times23$　　$95=5\times19$　　$119=7\times17$　　$161=7\times23$

我们发现，这 8 个数中，2、3、5、7、13、17、19、23 质因数各 2 个，只要使每组 4 个数（8 个数分成两组）的乘积含有的质因数相同，乘积也就相等了。因此，我们分成了 26、69、95、119 和 34、57、65、161 两组。

拓展思路

同学们，请你们也把下面的 8 个数分成两组，使两组数的乘积相等。这 8 个数是：28、33、35、48、63、108、165、175。

相信你们一定行！

答案提示

我们先把这 8 个数分解质因数。

$28 = 2\times2\times7$　　$33 = 3\times11$

$48 = 2\times2\times2\times2\times3$　　$63 = 3\times3\times7$

$165 = 3\times5\times11$　　$175 = 5\times5\times7$

$108 = 2\times2\times3\times3\times3$　　$35 = 5\times7$

我们发现，这 8 个数中，有 8 个 2 和 8 个 3，4 个 5 和 4 个 7，2 个 11。因此，分成的两组数是：____________ 和 ____________。

智慧提升

我们在分析问题的时候，只要认真观察，就能够运用学过的数学知识去解决新的问题，能够在问题解决的过程中感受数学思考的快乐，获得数学智慧的愉悦。

小兔子回家

故事分享

图中的小兔子采完萝卜，想要回家，可是，中间隔了一条小河，它怎样才能回家呢？

这可是个难题，爸爸知道了乐乐的困惑，笑着拍了拍他的头，拿起画笔认真画了起来。

爸爸说：“小兔子沿着合数就可以回家啦！请你找出小兔子回家的路吧！”

思考分析

乐乐思考：这些数中只有 29 和 31 是质数，所以这两块石头不能走，沿着其余的石头走，都可以回到蘑菇屋。

小兔子回家的路线有：

1．9 → 15 → 18 → 24；

2．6 → 20 → 16 → 24；

3．6 → 8 → 24。

乐乐为小兔子找到了三条回家的路，同学们，小兔子还有其他回家的路吗？

拓展思路

爸爸说：“如果小兔子只能沿着因数中有 3 的数的石头回家呢？请你找出它回家的路线吧！”

答案提示

因数中有 3，即这个数是 3 的倍数。3 的倍数有 6、9、15、18 和 24。

因此，小兔子回家的路线是：____ → ____ → ____ → ____。

智慧提升

我们要清晰了解数学概念，学会判断，才能够有效解决问题。

巧数正方体的个数

故事分享

暑假里，淘淘和乐乐一起到书店买书。在路上，淘淘看到一个小朋友拿的魔方，就愣在那里。乐乐问淘淘在想什么，淘淘说："我在想一个大正方体，外面涂上颜色，把它分成27个小正方体，那么三面涂色的小正方体有多少个？两面呢？一面呢？没有涂色的小正方体有多少个？"乐乐听了淘淘一连串的问题，也思考起来。"看来，我们只有一个一个地数了，1个，2个，3个……"

同学们，你们能帮淘淘尽快回答这些问题吗？可要动动脑筋哦！

思考分析

“不用数，只有在顶点的地方才会有三面涂色的小正方体，而正方体有 8 个顶点，所以有 8 个小正方体是三面涂色的。”乐乐解释道。淘淘说：“对！你真有办法！两面涂色的小正方体正好在棱上（除顶点外），因为正方体有 12 条棱，所以有 12 个两面涂色的小正方体。同样，正方体有 6 个面，所以一面涂色的小正方体有 6 个。”“没有涂色的小正方体有 27 − 8 − 12 − 6 = 1 个。”乐乐补充道。

淘淘和乐乐不仅在书店买到了书，而且学会了结合所学内容解决问题，他们开心极了。

拓展思路

如果一个大正方体，外面涂上颜色，把它分成 64 个小正方体，三面涂色的小正方体有多少个？两面涂色的小正方体有多少个？一面涂色的小正方体有多少个？没有涂色的小正方体有多少个？

答案提示

我们已经知道只有在顶点的地方才会有三面涂色的小正方体，而正方体有 8 个顶点，所以有 8 个小正方体是三面涂色的。而两面涂色的小正方体正好在棱上（除顶点外），因为正方体有 12 条棱，所以有 $12\times2=24$ 个两面涂色的小正方体。同样，正方体有 6 个面，所以一面涂色的小正方体有 ________ 个，没有涂色的小正方体有 ________ 个。

智慧提升

看来，数学就在我们的身边，需要我们用发现的眼睛去观察和思考。我们在解决问题时，要融会贯通，把学过的正方体的面、棱、顶点数结合起来就容易了。

巧分溶液

故事分享

淘淘的大伯是一名实验研究人员。这天，淘淘在大伯的带领下来到实验室参观。嘿！还别说，来到这里可让淘淘开了眼界，不但有精密的实验仪器，还有许多有趣的实验。一位穿白大褂的叔叔看到淘淘走近，就笑着说："小朋友，考考你：这里有 6 个烧杯，它们的容积分别是 7 mL、9 mL、19 mL、20 mL、21 mL 和 22 mL。现在，要将红色和黄色的两种溶液分别倒满其中的 5 个烧杯，留下 1 个空烧杯，同时使这些烧杯中黄色液体的容积是红色液体容积的 2 倍（两种液体不能混合）。那么，哪几个烧杯能装满红色的液体？哪几个烧杯能装满黄色的液体？哪一个烧杯不装液体？"淘淘一听，就动脑筋思考起来。经过一番思考，他终于找到了答案。当他把答案告诉这位叔叔时，叔叔高兴地把他高高举了起来，淘淘幸福得说不出话来。

同学们，你们知道淘淘是怎样分液体的吗？其实，只要我们认真思考，就能找到解决问题的方法，请你们也来试一试吧！

思考分析

6 个烧杯的总容积是 7 + 9 + 19 + 20 + 21 + 22 = 98 mL，因为黄色液体的容积是红色液体容积的 2 倍（两种液体不能混合），就要把黄色液体和红色液体的容积平均分成 3 份，而且没有剩余才刚好。而 98 ÷ 3 = 32……2，所以空烧杯的容积是被 3 除余数为 2 的容积数。而这 6 个数中，只有 20 mL 是符合条件的，所以，容积是 20 mL 的烧瓶是空烧杯。剩下的 5 个的总容积是 78 mL，红色液体的容积是 78 ÷ 3 = 26 mL，剩下的是黄色液体的容积：78 − 26 = 52 mL。所以，装红色液体的是 7 mL 和 19 mL 的烧杯，装黄色液体的是 9 mL、21 mL 和 22 mL 的烧杯。

拓展思路

如果这位叔叔面前有 7 个烧杯，它们的容积分别是 6 mL、8 mL、12 mL、13 mL、16 mL、23 mL 和 25 mL，现在，这位叔叔要将红色和黄色的两种溶液倒满其中的 6 个烧杯，留下 1 个空烧杯，同时使这些烧杯中黄色液体的容积是红色液体容积的 3 倍（两种液体不能混合）。你知道哪几个烧杯能装满红色的液体，哪几个烧杯能装满黄色的液体，哪一个烧杯不装液体吗？认真想一想。

答案提示

7 个烧杯的总容积是 6 + 8 + 12 + 13 + 16 + 23 + 25 = 103 mL，因为黄色液体的容积是红色液体容积的 3 倍（两种液体不能混合），就要把黄色液体和红色液体的容积平均分成 4 份，而且没有剩余才刚好。而 103 ÷ 4 = 25……3，所以空烧杯的容积是被 4 除余数为 3 的容积数。而这 7 个数中，只有 23 mL 是符合条件的，所以，容积是 23 mL 的烧杯是空烧杯。剩下的 6 个的总容积是 80 mL，红色液体的容积是：80 ÷ 4 = 20（mL），剩下的是黄色液体的容积：80 − 20 = 60（mL）。所以，装红色液体的是 8 mL 和 12 mL 的烧杯，装黄色液体的是 6 mL、13 mL、16 mL 和 25 mL 的烧杯。

20ml
22ml
21ml
19ml
9ml
7ml

20ml
22ml
21ml
19ml
9 ml
7ml

智慧提升

在巧分溶液时，我们要找准突破口，这个突破口是探寻新结果的方法，能够让我们从未知进入已知。另外，我们要学会多角度思考问题，从而做出正确的判断。

木匠的烦恼

故事分享

淘淘来到爷爷家，在这个村庄里，村民都很热情和好客。特别是做木匠的李爷爷，对淘淘特别好，每次都给淘淘送些好吃的，而且亲手给淘淘做了几个木笔筒。这几个木笔筒非常精美，淘淘很喜欢。这天早上，淘淘看到李爷爷在发愁，就问李爷爷遇到了什么麻烦。李爷爷说："邻村的张大爷定做了 50 个长 2 米、宽 1 米、高 1 米的木箱子，没过几天，张大爷给我打电话说：'现在想做的箱子个数增加 1 倍，即 100 个箱子，但箱子的体积减少到原来的一半，即长 1 米、宽 1 米、高 1 米，这样一增一减等于没有变化，我给您一样的工钱，麻烦您了！'我认为有理，就爽快地答应了，但……"淘淘接着说："嗯！有道理，但是，您还是没有算清楚，算清楚就知道问题出在哪里了。"同学们，你们知道问题出在哪里吗？认真想一想，你就能找到问题的症结所在。

思考分析

张大爷想做的箱子个数增加 1 倍，但箱子的体积减小到原来的一半，表面上看没有变，但我们需要考虑的是箱子的表面积的变化。张大爷定做的箱子有 6 个面，做一个长 2 米、宽 1 米、高 1 米的木箱子需要木材（$2\times1+1\times1+1\times2$）$\times2=10$ 平方米，做 50 个这样的箱子需要 $10\times50=500$ 平方米。而做一个长 1 米、宽 1 米、高 1 米的木箱子需要木材 $1\times1\times6=6$ 平方米，做 100 个这样的箱子需要 $6\times100=600$ 平方米。虽然两种木箱的体积没变，但却多用了木材 $600-500=100$ 平方米。

拓展思路

淘淘家新买了一台长方体的洗衣机，妈妈想用布给这个洗衣机做一个罩子，你知道要用多少布吗？

答案提示

给洗衣机做一个罩子，求用布多少也就相当于求洗衣机的表面积，需要量出洗衣机的长、宽、高，但要注意洗衣机下底面不需要盖起来。所以，不需要算出下底面积。

智慧提升

对于表面积，我们需要结合实际情况进行思考，有的表面积是求 5 个面的表面积，有的表面积是求 4 个面的表面积，还有的……我们需要结合实际情况思考。

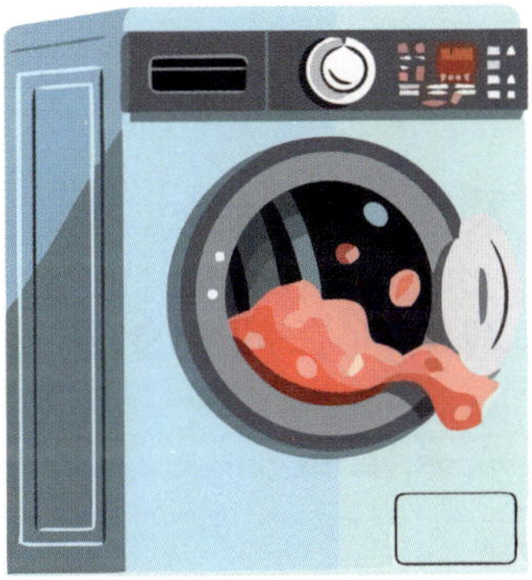

一次性筷子的体积

故事分享

科学课上，张老师邀请大家做一个测量实验。实验的目的是测量一双一次性筷子的体积。为了能把筷子体积测得更准确，张老师为每个小组准备了一套测量设备。其中有大、小量杯各1个，水槽1个，刻度尺1把，一次性筷子4双，量筒1个（最小的刻度单位为1立方厘米），天平1套，滴管1支，镊子1个。每个组需要制订测量方案，选择测量工具，进行多次测量实验，最终得出结论。

经过课堂实验，淘淘所在的小组获得了课堂展示的机会，淘淘作为汇报人做了成果汇报：

我们测量这双一次性筷子的体积使用的第一种方法为排

水法。我们选择以量筒作为主要测量工具。首先，在水槽中压好筷子，注入适量的水，将一次性筷子进行充分浸泡（大约10分钟），以免在测量的过程中由于吸水造成测量误差。随后，用镊子将浸泡好的一次性筷子放入量筒中，并注入适量的水没过整根筷子。如果一次性筷子还有浮出水面部分，用镊子尖儿轻轻将它压入水中。为了保证注入的水位误差最小，要用滴管将水滴入量筒中，让量筒内的水恰好对准量筒上的刻度线，这需要同伴的操作配合。待水面稳定之后，记下量筒内的水位刻度（45毫升）。下一步，用镊子将一次性筷子从量筒内取出，待水面稳定之后再记下量筒内的水位刻度（37.4毫升），前后两次水位刻度之差就是筷子的体积，即7.6立方厘米。用同样的方法，我们组反复测量了3次，取平均值，我们最后的结论是，一双一次性筷子的体积约为7.5立方厘米。

大家对淘淘的发言报以热烈的掌声。在接下来的成果展示中，许多小组的测量结果大约都是8立方厘米多一些。乐乐同学也展示了他们组的成果。他们使用了测量计算法，选择了刻度尺作为主要测量工具，测量数据如下：一根一次性筷子的长、宽、高分别大约为 0.5 厘米、0.4 厘米、20 厘米。有了这样的数据，就不难计算出这根一次性筷子的体积。

亲爱的小读者们，你们能求出乐乐测量的这双一次性筷子的体积吗？

思考分析

将一次性筷子看作近似的长方体，有了具体的长、宽、高之后，只要根据长方体的体积公式 $V = a \times b \times h$ 进行计算即可。

由于乐乐测量的是一根一次性筷子的体积，因此，根据测量数据，我们不难计算出一根一次性筷子的体积为 $0.5 \times 0.4 \times 20 = 4$ 立方厘米，那么一双一次性筷子的体积为 $4 \times 2 = 8$ 立方厘米。

拓展思路

根据环保要求，我国正在大力整改生产、使用一次性筷子的现状，但是目前一次性筷子的使用仍然是一个大问题。请你算一算，如果按每人一天平均使用一双一次性筷子，全国 14 亿人口每年至少需要耗费多少木材?

答案提示

以一双一次性筷子体积为 8 立方厘米进行计算，每人一天使用一双一次性筷子，1 年 365 天，全国 14 亿人口，需要：$8 \times 1 \times 365 \times 1400000000 = 4088000000000$（立方厘米）$=$ 4088000（立方米）。

全国 14 亿人口一年消耗的一次性筷子量是 4088000 立方米。结果使我们大吃一惊，每年竟有这么多的木料做成一次性筷子被浪费了，真是太可惜了！请全世界的每个人都不要再使用一次性筷子了，只有这样，才能保护好我们的森林资源，使我们共有的地球环境更加美好，让地球上的每一个人都呼吸到干净、清新的空气。

智慧提升

计算不规则物体的体积的方法有两个：其一，需要将它转化为规则物体进行数据测量，再根据具体情况进行体积计算；其二，根据具体情况使用排水法测量。

发车中的学问

故事分享

星期天，淘淘和爸爸一起去动物园游玩。他们俩出了家门走向车站，这个车站正好是3路公交车和1路公交车的始发站。淘淘在咨询处询问了一下，阿姨告诉淘淘：1路公交车和3路公交车都经过动物园，两路车都是7：00准时发车，1路公交车每3分钟发一趟，3路公交车每5分钟发一趟。正在这时，3路公交车来了，淘淘动作敏捷地上了公交车，而由于人多，爸爸没能坐上这趟公交车。爸爸想：我只能坐下一趟3路车了。等了一小会儿，1路公交车来了，淘淘爸爸就坐上1路公交车。到了动物园站，淘淘爸爸看到淘淘正焦急地等自己，于是，两人一起走进了动物园。

中午，在动物园的树荫下，淘淘问爸爸怎么乘坐了1路公交车，爸爸说："我本来也想乘坐3路公交车，但等下一趟3路公交车要5分钟，而你坐的3路公交车刚走一会儿就来了1路公交车，我害怕你等得着急，所以就坐了1路公交车。"淘淘心里想："是呀！这样的确很快。如果这两路公交车现在同时发车，至少再过多少分钟又会同时发车呢？"同学们，你们知道吗？

思考分析

两路公交车7：00准时发车，1路公交车每3分钟发一次车，也就是每次发车的时刻是3的倍数；3路公交车每5分钟发一次车，也就是每次发车的时刻是5的倍数。现在两路公交车同时发车，求至少要过多少分钟又同时发车，也就是求3和5的最小公倍数，也就是15分钟，这样问题就得到了解决。

拓展思路

淘淘、乐乐和飞飞都是爱读书的孩子。暑假，他们在省图书馆办了借书卡，淘淘3天去一次，乐乐4天去一次，飞飞5天去一次。

上次，他们三人是星期三在图书馆相见的，至少要过多少天他们才能在图书馆再相见？这次相见在星期几？

答案提示

淘淘 3 天去一次，乐乐 4 天去一次，飞飞 5 天去一次，我们知道他们下次见面的时间就是 3、4、5 的最小公倍数，也就是 ____ 天后。________________________，________________，也就是相见的这一天正好是星期日。

智慧提升

化繁为简，从纷杂的现象中抽象出本质的数学内容，并巧妙地运用所学的数学知识进行解答，智慧蕴含其中。

巧分小队

故事分享

周日，淘淘到表叔所在的部队观看训练表演。到了部队，淘淘挺开心的，他看到这些叔叔训练得特别辛苦，而且特别投入。

一会儿，从左面来了 3 支队伍，淘淘很好奇，就问表叔："这些叔叔干什么呢？"表叔说："这些叔叔要分组训练，要把这 3 支队伍分成人数相等的小队，想一想，每小队的人数最多是多少？我也正在想办法呢。""这个好办！这 3 支队伍各多少人呢？"淘淘问道。"A 队有 91 人，B 队有 112 人，C 队有 140 人。"表叔回答道。

"我们可以这样分……"淘淘把自己的想法告诉表叔后，

表叔直夸淘淘聪明。同学们，你们知道淘淘是怎样分成小队的吗？

思考分析

要求把这 3 支队伍分成人数相等的小队，每小队的人数最多是多少，其实就是求 91、112 和 140 的最大公因数。

方法一：

91 的因数有：1、7、13、91。

112 的因数有：1、2、4、7、8、14、16、28、56、112。

140 的因数有：1、2、4、5、7、10、14、20、28、35、70、140。

所以，每小队的人数最多是 7 人。

方法二：

$$\begin{array}{r|rrr} 7 & 91 & 140 & 112 \\ \hline & 13 & 20 & 16 \end{array}$$

所以，每小队的人数最多是 7 人。

…………

拓展思路

从右面也来了 3 支队伍，D 队有 60 人，E 队有 132 人，F 队有 240 人。淘淘问："这些叔叔也是要分组训练吗？"表叔回答道："如果也把这 3 支队伍分成人数相等的小队，想一想，每小队的人数最多应该是多少呢？"同学们，请你们想一想。

答案提示

要求把这 3 支队伍分成人数相等的小队，每小队的人数最多，其实就是求 60、132 和 240 的最大公因数。

$$\begin{array}{r|rrr} 3 & 60 & 132 & 240 \\ \hline 4 & 20 & 44 & 80 \\ \hline & 5 & 11 & 20 \end{array}$$

所以，每小队的人数最多是：________________（人）。

智慧提升

生活中的许多问题，我们都可以利用学过的数学知识进行解答，当我们找到核心的数学知识，就能找到解决问题的突破口，这样就能轻松解决问题。

密码锁的奥秘

故事分享

最近，淘淘家新买了一个箱包，这个箱包上有一个密码锁。为了打开这个密码锁，淘淘又是认真想，又是动手试，但怎么也打不开。他尝试着用密码“000000”“999999”“666666”，还是打不开。于是，他去问爸爸：“爸爸，这个密码锁的密码是多少？”

爸爸眨巴眨巴眼睛，说：“密码锁的密码我修改了。这个，我可要考考你！”“考考我？怎么考呢？”淘淘惊讶地看着爸爸。

爸爸得意地说：“密码是一个六位数，从左往右，第一位上的数字是最小的质数；第二位上的数字是最大的一位数；第三位上的数字是最小的合数；第四位上的数字既是质数又是奇数，还是10的因数；第五位上的数字是一位数中最大的奇数；第六位上的数字是2、3的最小公倍数。淘淘，你知道这个密码锁的密码吗？”

淘淘听了一遍，不是很清楚，就要求爸爸再说一遍。淘淘爸爸又说了一遍后，淘淘高兴地说：“我知道了！我知道了！”

同学们，你们是否知道了密码锁的密码呢？请你们把这个密码写下来。

思考分析

这个密码锁的密码从左往右是：

第一位上的数字是最小的质数，也就是2；

第二位上的数字是最大的一位数，也就是9；

第三位上的数字是最小的合数，也就是4；

第四位上的数字既是质数又是奇数，还是10的因数，也就是5；

第五位上的数字是一位数中最大的奇数，也就是9；

第六位上的数字是2、3的最小公倍数，也就是6。

所以，这个密码锁的密码是294596。

拓展思路

淘淘家原来也有一个密码箱，淘淘也想考考你，这个密码箱的密码是一个五位数：从左往右，第一位、第二位上的数字和是10，乘积是21，而且从小到大排列；第三位、第四位上的数字和也是10，乘积是24，而且从小到大排列；第五位上的数字既是偶数又是质数。同学们，你们知道这个密码锁的密码吗？请认真想一想。

答案提示

这个密码锁的密码从左往右是：

第一位、第二位上的数字和是10，乘积是21，而且从小到大排列，也就是__________；

第三位、第四位上的数字和也是10，乘积是24，而且从小到大排列，也就是__________；

第五位上的数字既是偶数又是质数，也就是__________。

所以，这个密码锁的密码是__________。

智慧提升

对于破解密码锁密码，我们需要运用所学的知识解决问题，这里需要运用质数、合数、偶数、奇数等知识，需要我们运用自己的智慧来开启“密码”，开启智慧。

巧数玻璃球

故事分享

今天，乐乐回到家，看见家里的跳棋棋盘放在沙发上，而玻璃球却散落了一地。于是，他打算将这些散落的玻璃球整理一下。他开始两个两个地数，最后剩下1个；三个三个地数，最后剩下1个；四个四个地数，最后剩下1个；五个五个地数，最后还是剩下1个。乐乐觉得奇怪，今天这样数来数去总是剩下1个，那到底最少有多少个玻璃球呢？乐乐心里想：如果不是剩1个，那么解决起来就很简单，但现在……请你也认真想一想吧。

思考分析

我们可以这样进行思考：根据乐乐数的情况，也就是玻璃球的个数一定是 2、3、4、5 的最小公倍数再加 1。这样我们就可以准确求出玻璃球的个数：$3\times4\times5+1=61$（个），所以玻璃球的总个数最少是 61 个。

拓展思路

乐乐拿出了一部分玻璃球，然后，两个两个地数，最后剩下 1 个；三个三个地数，最后剩下 1 个；四个四个地数，最后剩下 1 个；五个五个地数，最后正好数完。同学们，你们知道玻璃球最少一共有多少个吗？认真思考才能找到答案哦！

答案提示

根据乐乐数的情况，我们需要先求出 2、3、4 的最小公倍数，$3\times4=12$，$12+1=13$，但仍不能满足五个五个地数正好数完，需要继续往后找，$24+1=25$，25 满足题中所有要求，所以，玻璃球的总个数最少是 25 个。

智慧提升

上面的这些题目是我国古典趣题——同余问题。解答同余问题，先不要考虑余数，而是先求出这几个数的最小公倍数，然后加上余数。这样不但可以让思考更加简捷，而且有利于培养我们利用所学知识解决问题的能力。

巧分多边形

故事分享

最近，淘淘迷上了多边形，对这样的题目特别感兴趣。你看，今天他又开始在图形王国思考了。当他正发呆时，乐乐走了过来，看到他的本上有一个这样的图形：

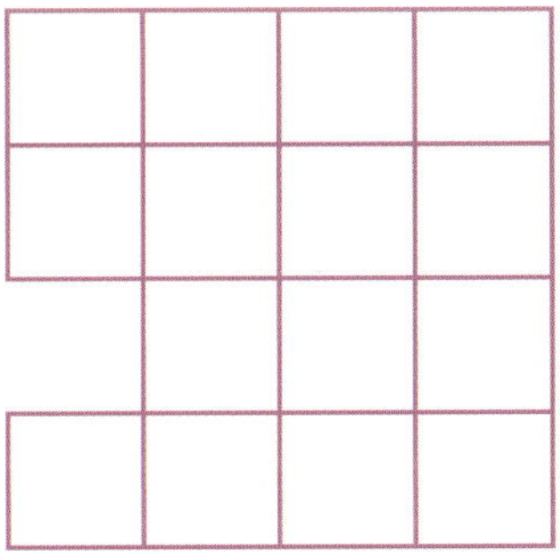

“淘淘，你在想什么呢?”乐乐问道。淘淘说：“我在想如果将这个图形分成 5 等份，分完后面积相等、形状相同，我该

怎样分呢?”“哦！原来是这样的!”乐乐明白了淘淘的要求，也开始思考了。同学们，你们能完成这个任务吗？请认真想一想。

思考分析

我们可以先算出小格数，然后按照平移、旋转、对称等将整个图形分成大小、形状一样的 5 个图形。

拓展思路

乐乐帮助淘淘解决了这个问题，淘淘和乐乐一起开始研究下面的题目（如下图）。同学们，你们能将下面的图形分成 4 块大小、形状一样的图形吗?

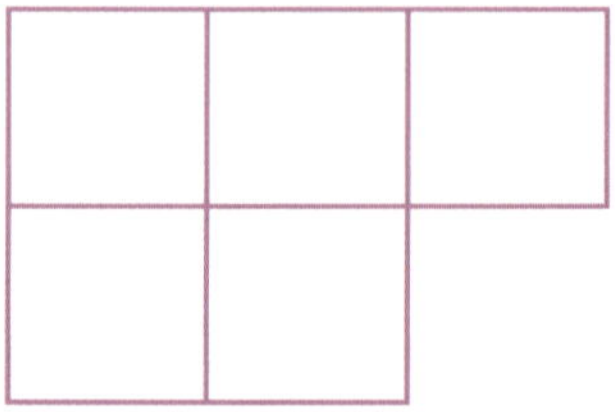

答案提示

对于这样的图形，我们可以将它分成更小的一些格子，然后进行划分，这样就能分成符合要求的图形。

智慧提升

当把一些图形分成大小、形状完全相同的几个小图形时，我们应该算出大图形的总面积，再根据小图形应分得的面积（如果面积不够划分，我们还可以分成更小的面积），仔细观察，从而划分图形。我们在划分图形时，可以巧妙运用平移、旋转、对称的知识将整个图形分成大小、形状一样的几个图形。

打开密码箱

故事分享

小亮是淘淘、乐乐的好朋友，也是一个侦探迷，数学水平还不低，凡事都爱用数学来解决，人送外号“数学猴”。假期期间，小亮从北京来到淘淘、乐乐的家乡找他们玩儿，刚一见面小亮就说：“伙伴们，我前一段得到一个宝藏箱，需要找到密码才能打开，要加入我的侦探小队吗？”淘淘、乐乐高兴极了，想着终于可以跟着小亮一起破案了。

时间紧迫，不容他俩多想，小亮就带着他俩在藏宝图寻找线索。藏宝图上画了一面镜子，镜子前面站着一个穿球服的男孩，身上的数在镜子里看是21，如“21”，上面还有句提示语呢，穿球服的男孩手里珍珠的数量是球服上的数字，已知其中一只手拿了 7 颗。

此外，在藏宝图上不起眼的地方写了一行小字：左手珍珠数乘二再加右手珍珠数量的结果是偶数。看到这里，他们三个会心一笑。可是三个人答案却不一样，谁能说一说男孩左手、右手中分别有多少颗珍珠呢？

思考分析

因为在镜子里看到的数是 21，所以球服上的数应该是 15 而不是 21，一只手拿 7 颗珍珠，另一只手中就是 8 颗。如果左手中是 8 颗，那 $8\times2+7$ 是 23 颗，是个奇数；如果左手中是 7 颗的话，那 $7\times2+8$ 是 22 颗，是个偶数。所以左手中是 7 颗，右手中是 8 颗。

拓展思路

小亮开心地说："不错不错，我这里还有一个题来考考你们，用 8 个 8 凑成 1000，可以用加减乘除和括号，敢不敢试试？"淘淘、乐乐立即拿出纸、笔趴在桌子上算了起来。

答案提示

第一种：$(8+8)\div 8\times(8\times 8\times 8-8)-8=1000$

第二种：$[(8+8)\times 8-(8+8)\div 8]\times 8-8=1000$

第三种：$888+88+8+8+8=1000$

第四种：$(8888-888)\div 8=1000$

智慧提升

当我们遇见问题时，不要只看表面，要深入思考，**透过现象看本质**，运用假设或者倒推的方法进行解决，善于发现生活中的数学之美。

联欢会

故事分享

暑假里，淘淘、乐乐准备去李叔叔的餐厅帮帮忙，李叔叔说：“你们两个还是小孩子，能帮什么忙呢！”淘淘、乐乐很不服气，说：“我们已经 11 岁了，已经是小大人了，不信你考验考验我们。”李叔叔被说动，就说：“你们去后院看看，看看他们都在干什么吧。”淘淘、乐乐开心地往后院走去，就看见一个阿姨在水池边洗一大摞碗，他们俩好奇地走过去问阿姨：“阿姨，您一个人刷这么多碗吗？”阿姨笑着说：“今天餐厅推出新菜品做活动，所以人比较多。2 个人共用一碗饭，3 个人共用一碗鸡蛋羹，4 个人共用一碗肉，6 个人共用一碗甜点，一共要用 65 只碗，你们算算，今天餐厅总共有多少人？”

淘淘、乐乐被问住了，百思不得其解，聪明的你知道今天餐厅来多少人吗？

思考分析

2 个人一碗饭，每个人占 1/2 个碗；3 个人一碗鸡蛋羹，每个人占 1/3 个碗；4 个人一碗肉，每个人占 1/4 个碗；6 个人一碗甜点，每个人占 1/6 个碗，合起来每个人占的碗也就是 1/2 + 1/3 + 1/4 + 1/6，也就是 15/12 只碗。客人数是 65 ÷ 15/12 = 52 人。

拓展思路

洗碗阿姨问过后厨得知，甜点使用的是一次性纸碗，如果去掉吃甜点的碗，实际餐厅顾客是多少呢？

答案提示

同理，6 个人一碗甜点不用算，2 个人一碗饭，每个人占 1/2 个碗；3 个人一碗鸡蛋羹，每个人占 1/3 个碗；4 个人一碗肉，每个人占 1/4 个碗，合起来每个人占的碗也就是 1/2 + 1/3 + 1/4，也就是 13/12 只碗。客人数是 ________________ 人。

智慧提升

生活中经常遇到类似的问题，这个时候我们可以利用分数的知识进行解决，在解决问题时，注重从整体进行把握，通过分析理解题意，正确进行解答。

找出不合格的零件

故事分享

本周的综合实践活动课，淘淘和乐乐要到工厂参观。早晨，他们乘着中巴车到了工厂。咦！工厂和想象的不一样，现代化的设施真不简单。在装配车间，一个叔叔正在低头思考着问题，淘淘和乐乐走到叔叔跟前问："叔叔，您在想什么呢？"这位叔叔满脸愁容地说："我们刚才把零件进行了分类，放成了 10 堆，9 堆是合格的，合格的零件每个重 10 千克；1 堆是不合格的，每个零件重 9 千克，而且从外形看不出哪堆零件是不合格的，现在只有我一个人，如果我每堆都称一下，太麻烦了！这可怎么办？"淘淘和乐乐想了一会儿，乐乐在淘淘的耳边说了些什么，然后，淘淘和乐乐找到叔叔，把自己的想法告诉了叔叔。

同学们，你们知道乐乐想到了什么好方法吗？可要认真想一想哦！

思考分析

淘淘和乐乐从第一堆零件里取 1 个零件，从第二堆零件里取 2 个零件，从第三堆零件里取 3 个零件……从第九堆零件里取 9 个零件，第 10 堆零件不取。取出的这些零件称一称是 443 千克，末尾数字是 3，一定是第 7 堆的零件不合格。因为在 9 的乘法口诀中，乘积的末位数字是不相同的，当 $7\times9=63$ 时，就可以判定是第 7 堆。帮助叔叔解决了这么一个难题，淘淘和乐乐心中甭提多高兴了。

拓展思路

1. 如果称出的结果末位数字是 0，那应该在第几堆呢？

2. 如果是 40 堆，其中一堆不合格，每个零件重 9 千克，那么要称几次才能找到这一堆呢？

答案提示

1. 我们仍然从第一堆零件里取 1 个零件，从第二堆零件里取 2 个零件，从第三堆零件里取 3 个零件……从第九堆零件里取 9 个零件，第 10 堆零件不取。如果称出的结果末位数字是 0，那应该在第 10 堆。

2. 如果是 40 堆，其中一堆不合格，每个零件重 9 千克，我们采用故事中的方法称 4 次就可以找到不合格的这一堆。

智慧提升

当我们感觉问题很复杂时，不妨回到问题原点，思考解决问题的突破口，这样才能更好地解决问题，这就是所谓的大道至简的道理。

一起去游园

故事分享

淘淘还沉迷在魔法基地游戏中。晚上，他梦见和乐乐带着智慧宠物小智很快踏上了魔法之旅，进入第一站：游园站。淘淘、乐乐都惊呆了，这里和外面安静的操场形成鲜明的对比，这里面热闹非凡：小贩叫卖声，朗朗读书声，还有速算比赛热闹的现场，让淘淘和乐乐大开眼界。很快他们来到“智慧加油站”小摊贩前，答对问题，将会获得魔法基地 100 金币，小智小声提醒道：“你们一定要加油啊，要不然在魔法基地你们就没办法买东西。”

淘淘和乐乐毫不犹豫地上前参加比赛，看见题目是：甲有两张扑克牌，分别是 1 和 10；乙也有两张扑克牌，分别是

5 和 9；丙也有两张扑克牌，分别是 3 和 6。现在甲和乙玩游戏，两人各自从自己的扑克牌中随机抽取一张，比较抽到扑克牌上的数，大者胜。请问这个游戏公平吗？

淘淘和乐乐灵机一动，心想：这不就是我们学的概率问题嘛。他们很快给出了自己的解释。

思考分析

这个游戏是公平的。如果甲摸到 1，乙无论摸到哪张扑克牌，都是乙胜出；如果甲摸到 10，乙无论摸到哪张扑克牌都是输，所以甲和乙获胜的可能性是相同的，都是二分之一。

拓展思路

刚才甲和乙玩了扑克牌游戏，特别有趣。如果甲和丙玩这个游戏，公平吗？那乙和丙玩游戏呢？

答案提示

按照刚才的思路，甲和丙玩这个游戏也是公平的，但乙和丙的游戏并不公平。乙和丙各摸一张牌，会出现四种结果，即（5，

3),(5，6),(9，3),(9，6)，并且这四种概率都是相等的，这四种结果中只有当出现（5，6）的时候，丙才可能获胜，所以丙获胜的概率是 ____________，乙获胜的概率是 ____________。

智慧提升

当我们遇见问题的时候，不要凭借感觉做出判断，很可能只是一种错觉。我们要勤于动脑思考，动手记录，找到所有可能性，最后做出合理的判断。

返璞归真的思考

故事分享

最近，淘淘研究了很多关于分解质因数的题目。晚上，淘淘的爸爸看到淘淘很早就把作业写完了，就决定考考淘淘。他把淘淘叫到书房，和淘淘聊了起来："听说你对近一段所学的分解质因数很有研究……"爸爸话还没有说完，淘淘就夸口说："是的！无论什么难题，我都能轻松搞定。"淘淘爸爸看到淘淘夸下海口，便说："我这里有一个题目，我思考了半天，也没有解答出来。""爸爸，赶快把题目告诉我！"淘淘已经等不及了。"题目是：154 × 102 × 325 ×（　），要使这个连乘积的最后四个数字都是 0，括号里最小应该填多少呢？"淘淘爸爸边说边将题目写在纸上。"这个，这个……"淘淘看了一下题目，嘿！你别说，淘淘还真没有做过这样的题目，但他已经夸下海口，只能认真思考了。

如果一个数一个数地计算，需要使用计算器，而且爸爸在场也不会让淘淘使用，但末尾有0，一定还有其他的方法。对了！淘淘想起在学校里学过的数学知识……当他把思考过程和结果告诉爸爸时，爸爸说："我越来越佩服我们的淘淘了，居然一会儿工夫就解决了。"

你知道淘淘是如何思考的吗？请你把想法和家人一起分享。

思考分析

淘淘想起了要使积的最后四个数字都是0，连乘的积应该是10000的倍数。因为$10000 = 2^4 \times 5^4$，所以这4个数分解质因数最少要有4个2和4个5。我们先将前三个数分解质因数：

$154 = 2 \times 7 \times 11$

$102 = 2 \times 3 \times 17$

$325 = 5 \times 5 \times 13$

这三个数分解质因数后，已经有 2 个 2、2 个 5，所以，括号里最小应该填 $2 \times 2 \times 5 \times 5 = 100$。

拓展思路

同学们，请你们想一想：$975 \times 935 \times 972 \times$（　　），要使这个连乘积的最后四个数字都是 0，括号里最小应该填多少呢？相信你们一定能独立解答。

答案提示

要使积的最后四个数字都是 0，连乘的积应该是 10 000 的倍数。因为 $10\,000 = 2^4 \times 5^4$，所以，这 4 个数分解质因数最少要有 4 个 2 和 4 个 5。我们先将前三个数分解质因数：

$975 = 3 \times 5 \times 5 \times 13$

$935 = 5 \times 11 \times 17$

$972 = 2 \times 2 \times 3 \times 3 \times 3 \times 3 \times 3$

这三个数分解质因数时，已经有 2 个 2、3 个 5，所以，括号里最小应该填 ____________。

智慧提升

判断积的末尾0的个数，我们可以利用分解质因数找到2、5因数的个数，从而让复杂的问题变得简单，这样思考问题，能够返璞归真，抓住问题的本质。

答　案

P003　1

P008　110.592

P010　526.02

P017　$2\times50=100$　$2\times50\times0.9=90$　$2\times50\times0.8=80$

P021　1024

P025　$792+59.5=851.5$（元）

P028　（8，0）

P031　西南

P034　$117.2\div2=58.6$

P041　$4+1.5+7=12.5$（元）

P046　$3822\div30=127.4$（个）　127

P060　150 － 50 ＝ 100

P063　（15 － 10）×8÷2 ＝ 20（平方分米）

P069　15×12÷2 ＝ 90　9×90 ＝ 810

P076　100 ＋ 36 － 50 － 48 ＝ 38

P087　420÷5 ＝ 84　84

P104　28、33、108、175　35、48、63、165

P107　9　15　18　24

P110　4×6 ＝ 24　64 － 8 － 24 － 24 ＝ 8

P126　60　60÷7 ＝ 8……4　4 ＋ 3 ＝ 7

P129　3×4 ＝ 12

P132　3、7　4、6　2　37462

P144　65÷13/12 ＝ 60

P153　四分之一　四分之三

P156　2×2×5 ＝ 20

阅读收获

亲爱的同学，阅读这本书后，如果请你将它推荐给其他同学，你会怎么做？我们不妨可以制作一幅思维导图，请你来试一试。比一比，谁的思维导图做得最精美！

学校：＿＿＿＿＿＿ 班级：＿＿＿＿＿＿ 姓名：＿＿＿＿＿＿

数学阅读奠基学生的终身发展

（代后记）

阅读是一个人的基本学习能力，也是儿童精神成长的重要途径。而数学是一个魅力多姿的世界，如何在阅读中走向多彩的数学世界，我们进行着数学阅读的探索。本套丛书中的故事充满童趣，与学生生活实际紧密结合，让大家体会到数学的广泛应用。书中的数学故事以数学知识为明线，以数学核心的思想方法为暗线，注重通过故事介绍高观点背景下的深入思考，注重教会孩子思考的方法和策略，真正在智慧阅读中学数学、用数学、玩数学。

2019 年，《魔力数学》（4 册）出版后得到了广大教师、学生和家长的厚爱，不断重印。同时，它走出国门，输出到阿联酋。该套丛书荣获 2019 年中南六省优秀教育读物一等奖，入选 2020 年浙江省书香工程推荐书目、2020 年河南省中小学图书馆推荐书目等。数学阅读的研究成果荣获河南省基础教育教学成果奖，研究成果先后在浙江省、山东省、河南省、四川省、新疆维吾尔自治区、内蒙古自治区、海南省等多个省区进行推广，受到了大家的一致好评。

我们名师工作室接待了国培、省培教师，展示了数学阅读的课例和专题报告；开展了中原名师工作室省级名师、省级骨干教师研修专题讲座；并与河南省新密市、洛阳市瀍河区、尉氏县等地组建数学阅读联盟。

数学阅读课程辐射到名师工作室研修教师及所在学校；引领河南省新郑市“名家育名师”基地校研修，聚焦数学阅读深耕；开辟数学阅读专题微信群，围绕数学阅读主题研讨交流。

2017 年 5 月，郑州教育电视台对我的数学阅读研究进行专题报道；2018 年 4 月，他们再次聚焦数学阅读的教与学进行跟踪报道。2017 年 10 月，我撰写的《数学课外阅读的教育魅力》发表在《教育时报》上。

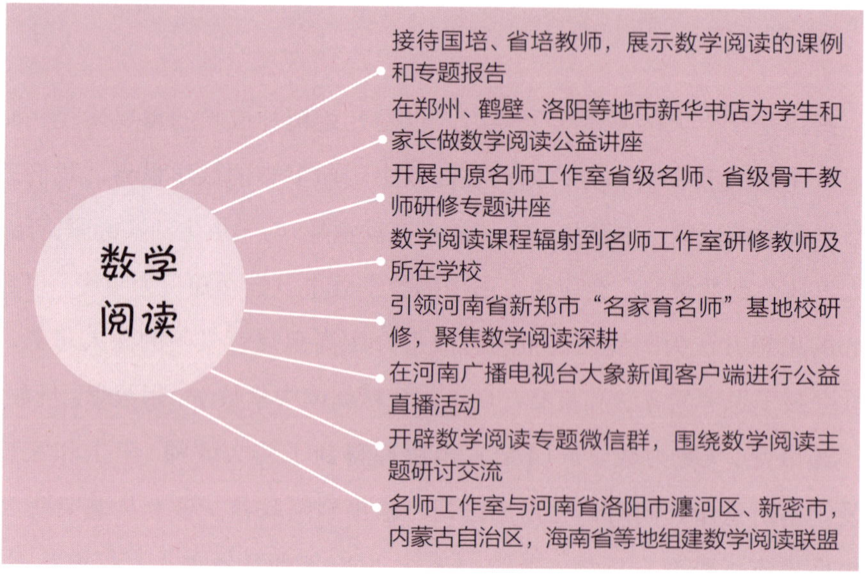

今天，根据读者反馈及调研，大象出版社决定将 4 册《魔力数学》修订为 6 册，设置“淘淘”“乐乐”“飞飞”“花花” 4 个 IP 形象，采用彩色印刷，搭配优美插图，按照国标规范设计字号。此次修订，针对性更强，内容更完善，装帧更精美，提高了丛书的品质。同时，我们将 2022 年新课标的理念融入修订工作中，更突显数学核心素养。

如果说，我在数学阅读方面有那么一点点思考的话，首先，我要感谢蔡金法教授、刘坚教授、王明明老师、王永老师等新世纪小学数学教材编写组的专家，是他们给予我无私的帮助和指导，是他们在繁忙的教学、科研任务之余抽出大量时间，付出大量精力，精心指导我做好数学阅读。同时，我也要感谢全国新世纪小学数学杰出人才第三届高级研修班的同学们，感谢他们无私的帮助和鼓励。

感谢校讯通为我搭建了更宽广的平台，作为校讯通第六届、第七届、第八届、第九届、第十届数学阅读专家评委，我在引领数学阅读的同时也汲取着老师们的智慧，这也促使我不断在数学阅读的旅程中行进着。

感谢洛阳市瀍河区的尚丽花老师、新密市的宋伟琴老师、漯河市源汇区的邢燕老师、新郑市龙湖镇小乔完全小学数学基地校等将《魔力数学》作为数学阅读读本进行区域探索。非常感谢很多志同道合的同人们慕名而来，一起进行数学阅读的教与学。

感谢我所在单位郑州市金水区实验小学、郑州市金水区金桥学校的领导和同事，是他们为数学课外阅读的开展提供了实践的沃土。

感谢《小学生学习报》编辑汪录辽、秦建华老师的关心，并在该报开辟专栏刊载；感谢校讯通的谢君、赵娜老师提供了修改、完善数学故事的建议；感谢宋君小学数学名师工作室研修团队给予的帮助；感谢大象出版社编辑梁金蓝老师为本套丛书的出版所付出的大量心血。同时，感谢一直在身后默默支持我的妻子，正是她无私的奉献，使我有了更多的时间把自己的想法和思考进行梳理，分享给更多的人。

最后，感谢名师工作室将数学阅读作为专题进行研究。请允许我将名师工作室第二届、第四届研修教师名单列于此。名师工作室第二届研修教师：穆桂鹤、魏霞、刘英杰、徐雪华、张文艳、陈伟伟、任庆涛、张艺、韩晓彤、李国建。名师工作室第四届研修教师：刘英杰、张艺、韩晓彤、李倩、梁海霞、刘婵、刘莹莹、喻海游、黄文倩、胡慧芳、刘亚楠、肖菲菲、张龙辉、张婷、李芳芳、刘娟、王鹏鹤、苌婷、李果、张曼佳、蒋飞、夏春艳、苏蒙蒙、岳冲冲、王改霞、王倩玉、杨利利、乔花花。

阅读带来快乐，快乐产生兴趣，兴趣开启智慧，智慧引领发展。让我们一起进行数学阅读，一起踏上智慧阅读之旅，一起分享数学阅读的快乐。让阅读引领精彩，奠基学生的终身发展。

限于本人水平有限，写作中难免有不妥之处，欢迎大家批评指正。

宋　君